엄마의 꿈이
아이의 인생을 결정한다

엄마의 꿈이
아이의 인생을 결정한다

초판 1쇄 인쇄	2014년 5월 3일
초판 1쇄 발행	2014년 5월 10일
지은이	김윤경
펴낸이	김병은
펴낸곳	프롬북스
기획편집	서진 · 노지혜
표지·본문	정다희
마케팅	조윤규
등록번호	제313-2007-000021호
등록일자	2007.2.1
주소	경기도 고양시 일산동구 정발산로 24 (장항동 웨스턴돔타워) T1-706호
문의	031 931 5990~3
팩스	031 931 5992
전자우편	edit@frombooks.co.kr
ISBN	978-89-93734-35-5 13320
정가	13,800원

이 책은 저작권법에 따라 보호를 받는 저작물이므로 무단전재와 복제를 금지하며,
이 책 내용의 전부 또는 일부를 사용하려면 반드시 저작권자와 프롬북스의 서면동의를
받아야 합니다.
잘못되었거나 파손된 책은 구입하신 서점에서 교환해 드립니다.

잃어버린, 사라져버린, 포기해버린 나를 찾아서!

엄마의 꿈이 아이의 인생을 결정한다

김윤경 지음

안녕하세요, 독자 여러분!

"아들아, 넌 누구냐? 너는 세상에 무엇을 줄 수 있느냐?"

이 질문은 세계은행 총재 김용의 어머니가 어린 아들에게 끊임없이 던졌던 질문입니다. 이 질문을 통해 어린 김용은 "세계의 문제가 바로 나의 문제이며, 내 평생을 위대한 것에 도전하겠다."는 결심을 하게 됩니다.

저는 마흔 살이 훌쩍 넘은 나이가 되어서야 스스로에게 이 질문을 하면서 답을 찾기 시작했습니다. 그 질문을 한 결정적인 계기는 무심코 던진 딸아이의 질문이었습니다.

"엄마, 엄마는 꿈이 뭐였어요?"

엄마 자신의 삶의 방향에 대한 규정 없이 아이들을 키우면서 "꿈을 가져라."라고 얘기했던 모순된 상황을 처음으로 깨닫게 한 질문이었습니다. 그날 이후부터 "나는 누구인가? 나는 이 세상에 무엇을 이루기 위해 태어났는가?"라는 질문을 하며 '삶의 의미와 본질'을 찾는 꿈의 여정이 시작되었습니다.

그렇게 꿈을 찾겠다는 간절한 소망으로 제 인생을 돌아보고 다양한 기회들을 살펴본 결과 제 평생 매진하고 싶은 꿈을 드디어 찾았습니다. 저는 미국 실리콘밸리의 벤처창업문화를 들여와 성공적인 한국형 창업시스템을 만드는 '미래혁신 창업재단장'을 꿈꾸고 있습니다.

평생을 바쳐 이루고 싶은 제 꿈을 찾았을 때 너무나 감격스러워 하늘에 붕

떠 있는 기분이었습니다. 꿈 세미나의 마지막 시간에 감격의 눈물을 흘리며 제 꿈을 발표했던 기억이 아직도 생생합니다. 그날 밤, 소중한 연인을 생각하듯 꿈을 떠올리며 울고 웃으며 잠 못 드는 밤을 보냈습니다. 정말 오래 기억될 중요한 순간이었습니다.

꿈을 찾은 후 저는 이런 상태로 하루하루를 살고 있습니다.

- 마치 세상의 모든 것을 다 가진 듯 미치도록 행복한 느낌!
- 모든 것을 다 이룰 수 있을 것 같은 자신감!
- 이렇게 멋진 꿈을 찾아낸 나 자신에 대한 기특함!
- 이 세상이 완전히 새롭게 보이는 설렘!
- 내가 사랑하는 사람들도 소중한 꿈을 갖도록 도와주고 싶다는 의협심!

그 후부터 눈빛이 우울해 보이거나 삶의 의욕이 없어 보이는 분들을 만나면 제 경험담을 이야기하고 있습니다. 또한 제가 좋아하고 사랑하는 사람이라면 어느 누구에게라도 제 꿈을 소개합니다. 만약 어느 날 여러분 중 누군가를 만났을 때 반짝이는 눈으로 제 꿈 이야기를 건넨다면 그 사람은 분명 제가 좋아하고 사랑하는 사람 중 한분일 것입니다.

제 인생에서 두 번째 잊지 못할 감격의 순간은 제 꿈으로 인해 제 아이들이 자신의 꿈을 소망하게 된 순간이었습니다. 그렇게 꿈을 바라던 아이들은 어느덧 자신의 꿈을 찾고 변화하는 모습을 보여주었습니다. 일하는 엄마로서 최선의 노력을 해도 아이들 문제 만큼은 늘 불안하고 답답한 마음에 어찌할 바를 몰랐습니다. 그런 아이들의 내면에 꿈이라는 등불이 밝게 켜지는 순간 '브라보!'라고 외치고 싶을 만큼 기뻤습니다.

아이의 삶을 대신 살아줄 수 없는 것이 당연하겠지요. 그렇다면 아이들이 자신이 태어난 이유와 소명을 찾고 그 방향으로 나가도록 도와주는 것이 부모의 가장 멋진 소임 아닐까요?

제 꿈을 통해 저는 물론 아이들에게도 큰 변화가 찾아오자 주변에 전파해야겠다는 강렬한 소망이 생겼습니다. 자신의 '꿈'을 잊어버린 채 아이 양육과 무미건조한 삶에 지쳐 있는 엄마들에게 제 경험을 공유하고 싶은 열정으로 이 책을 집필하기 시작했습니다.

이 책은 엄마인 제가 가슴 뛰는 꿈을 찾음으로써 '아이들과 꿈을 나누는 동지'로 살게 된, 저와 아이들의 실제 이야기를 담았습니다. 뭔가 삶의 돌파구가 필요한 엄마들에게 따뜻한 공감과 신선한 자극을 줄 수 있기를 희망하는 간절한 마음이 담겨 있습니다.

사실 지금까지 접한 많은 책들에서는 꿈을 찾는 과정이나 아이와 함께 꿈을 발견해 나누고 실천할 수 있는 방법을 찾을 수 없었습니다.

저는 여기에 엄마 자신의 성공적인 삶과 훌륭한 자녀 양육을 동시에 이루는 데 도움이 될 만한 세계적인 인물들의 사례를 함께 담았습니다. 이를 통해 보다 훌륭한 엄마의 모습, 그리고 세상의 위대한 멘토로 성장한 사람들의 이야기들을 엿볼 수 있을 것입니다.

결국 꿈꾸는 엄마들을 위한 책이 되겠지요. 제 경험뿐 아니라 수많은 훌륭한 부모들의 철학이 담긴 이 책을 통해 자신의 일과 가정에서 모두 성공하는 행복한 워킹맘의 비법을 전파하고자 합니다.

부록에서는 엄마의 꿈 찾기 과정과 자녀 꿈 코칭 방법을 자세히 소개했습니다.

아이들을 양육하느라 본인의 꿈과 인생을 오롯이 희생하였으나 여전히 자녀 교육에 좌절을 겪고 있는 엄마들에게 진심으로 도움이 되고 싶습니다.

이 책과 함께하는 동안 엄마와 아이가 함께 웃으면서 자신의 꿈을 향해 즐겁게 나아가는 세상을 꿈꿔 봅니다.

2014년 4월, 희망이 가득한 봄기운을 온몸으로 느끼면서….

미래혁신 창업재단장 김윤경

차례

1장
꿈이 있는 엄마가 아이의 인생을 바꾼다

01.	엄마는 꿈이 뭐였어요?	...14
02.	나이 사십에 꿈 찾기라니!	...21
03.	전율, 그리고 내면의 떨림	...26
04.	47세 촌스럽고 뚱뚱한 수잔보일이 세계를 놀라게 하다	...33
05.	상상만으로 심장이 터질 듯한 그것	...38
06.	엄마의 꿈에 전염된 아이들	...43
07.	상상은 자유다	...50

2장
엄마여서 더욱 외롭다면

01.	부모는 그냥 부모가 되면 된다	...58
02.	가족이 곁에 있어도 엄마는 외롭다	...64
03.	등장만으로 환호를 부르는 엄마의 '눈빛'	...73

04.	평생 가져갈 즐거운 습관	...78
05.	명령자에서 조력자가 되는 길	...83
06.	주문하라, 마치 맡겨 놓은 것처럼	...89
07.	엄마의 꿈을 들려줬을 때	...94

3장

행복은 '무엇'이 아니라 '어떻게'의 문제다

01.	잔소리꾼에서 문제발견자로	...100
02.	아이는 엄마의 VIP 고객이다	...106
03.	공부 잘하는 아이와 꿈꾸는 아이	...111
04.	부모가 믿는 만큼 자라는 아이들	...116
05.	엄마의 꿈이 대한민국을 변화시킨다	...122
06.	인생의 소명을 찾은 아이는 눈빛이 다르다	...128
07.	행복한 엄마가 행복한 아이의 거울이다	...133
08.	필요보다 필수가 되는 '동지'와 '조력자'	...138

4장

행복은 생각보다 가까이에 있다

01.	세상을 다 가질 큰 꿈을 꾸게 하라	...144
02.	어디까지 가봤니?	...150
03.	미래를 보는 눈	...155
04.	한국을 알릴 때 내 심장은 뛰었다	...161
05.	미래는 네 선택에 달려 있다	...166
06.	조금만 더	...172
07.	인생의 치명적인 약점, 방향이 없다는 것	...178
08.	내가 보는 것이 곧 내가 얻는 것이다	...183
09.	끝의 관점에서 시작하라	...186

5장 실천 Tip

아이와 나누는 꿈은 현실이 된다

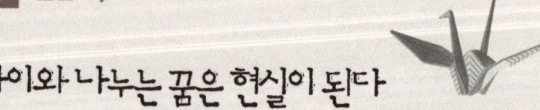

01.	재능, 흥미, 열정 연결하기	...192

02.	'참 나'를 알아가는 중요한 질문들	...197
03.	눈을 감으면 더 선명해진다	...204
04.	매일 손에 들고 다니는 꿈 여정표	...210
05.	긍정의 꿈 근육을 만드는 비법	...217
06.	꿈을 이루어주는 성공습관들	...224
07.	시간 관리가 생명이다	...230
08.	행복한 꿈 전도사로 살아가라	...235

부록

아이의 꿈을 찾아주기 위한 질문들	...240
당신을 위한 도서목록	...242
꿈을 찾는 여정을 함께 해 주는 모임들	...246
자신의 꿈을 찾아나서는 10단계	...248
가슴 뛰는 '그 무엇'을 찾아 주는 생각노트	...250
2043년 3월 9일 미래 일기장	...254

1장

꿈이 있는 엄마가
아이의 인생을 바꾼다

01

엄마는
꿈이 뭐였어요?

❖❖❖❖❖❖❖❖❖❖❖❖❖❖❖❖

"그대의 꿈이 한 번도 실현되지 않았다고 스스로를 가엾게 여기지 마라. 정말 불쌍한 사람은 한 번도 꿈을 가져보지 못한 사람들이다."
- 독일의 시인 에센 바흐-

작년 가을부터 마음 한 구석이 뚫린 듯 헛헛한 공허함이 들기 시작했다. 20년간 열정을 바쳐 즐겁게 일했고, 사회적으로 존경받는 외국계 회사로 이직한 후 최선을 다하면서 나름대로 성과도 인정받았다. 그러나 정체를 알 수 없는 공허한 감정이 스멀스멀 피어오르고 있었다.

새로 옮긴 회사에 적응하느라 너무 바쁘게 살아온 탓으로 생각하고 추석 연휴를 좀 길게 쉬기로 했다. 정신없이 살아온 나에게 주어진 모처럼의 휴식이었다. 스마트폰과 노트북을 모두 치워버리고 온전히 가족과 함께 보내기로 했다.

집에서 가족과 함께 있는 시간이 많아지자 아이들이 흥분한 강아지처럼 좋아했다. 특별히 뭔가를 하지 않아도 엄마가 옆에 있다는 그 자체로 행복해하는 아이들을 보면서 미안한 마음이 들었다. 열심히 일할수록 공허해지는 직장 생활이 지치기도 해서 이대로 계속 쉬고 싶다는 생각이 들었다.

"엄마 회사 그만 다니고 우리 매일 이렇게 같이 있을까?"

딸의 마음을 슬쩍 떠보았다. 딸은 내 질문에 대답 대신 뜬금없는 질문을 해 왔다.

"엄마는 꿈이 뭐였어요?"

"꿈?"

"엄마는 회사 다니고 있잖아. 너희들의 미래를 위해 열심히 돈 버는 것이 꿈이지."

"에이...그것도 꿈이에요?"

"......................"

꿈이라.. 어디서나 듣는, 그래서 너무나 흔한 단어 '꿈'

꿈이라는 외글자에 순간 온몸의 감각이 움찔했다. 머리가 하얘지는 것 같은 감정이 휩쓸고 지나가니 얼굴이 붉게 달아올랐다. 끝을 얼버무리는 답을 건네고 아무 말도 더 이상 할 수 없었다. 뭔가 멋있는 답을 기대했던 딸의 실망한 표정을 보자 마음이 덜컹 내려앉았다. 나는 딸의 질문으로 두 가지 사실을 깨달으며 충격을 받았다.

첫째는 딸아이가 '엄마의 꿈이 무엇이었냐'는 과거형으로 질문했다는 것이다. 이 말은 엄마에게도 분명 꿈이라는 것이 있었을 텐데 지금 엄마의 삶은 꿈과는 거리가 멀어 보인다는 뜻이다. 엄마가 꿈을 실천하며 가슴 뛰는 삶을 살고 있었다면 딸은 분명히 현재형으로 질문했을 것이다.

둘째는 누구보다 열심히 살아온 내가 정말 꿈이 없다는 사실이었다.

'내 꿈이 뭐였지? 내가 꿈이 있었던가? 그렇구나. 나는 지금 꿈이 없구나!'

허탈한 생각이 들었다. 그 날, 밤늦도록 뒤척이며 행여 작은 꿈의 파편이라도 찾기 위해 내 기억을 샅샅이 뒤져보았다. 안타깝게도 내가 주도적으로 어떤 꿈을 가슴에 품었던 흔적은 찾을 수 없었다.

'사십대가 되어서야 내 삶에 꿈이 없다는 것을 깨닫다니…'

나 자신에 대한 씁쓸한 실망이 감돌았다. '그렇다고 이제 와서 뭘 어쩌란 말인가?'

황망함으로 어깨를 으쓱이며 잠을 이루지 못한 채 멍한 밤을 보냈다.

나는 아이들에게 항상 큰 꿈을 가지라고 강조했다. 그러나 정작 그렇게 얘기하는 나 자신은 꿈이 없었다. 회사가 멀어 새벽 5시면 부스스 일어나 출근 준비를 하고 밤 10시가 넘어서야 파김치가 되어 집에 들어왔다. 주말이면 몸이 쑤시고 아파서 식사 시간을 빼고는 하루 종일 침대에 누워 있거나 밀린 회사 업무를 처리하느라 껌

딱지처럼 컴퓨터 앞에 붙어 있었다. 이런 나의 모습이 생계형 밥벌이를 위해 막노동 나가는 사람과 무엇이 달랐을까?

그러면서 아이들에게는 '꿈을 크게 가져라. 너희의 꿈이 성취된 멋진 미래를 위해 오늘도 열심히 공부해라.'라며 잔소리를 했다. 이 얼마나 모순된 가르침인가? 본보기로서 모범을 보여야 할 부모는 정작 삶에 찌들어 살면서 아이에게는 열심히 공부하면 찬란한 미래가 온다는 말을 하다니.

언행이 일치하지 않는 부모의 말을 믿고 미래의 희망에 확신을 가질 수 있을까?

뉴욕의 뉴웨스턴호텔 직업 적성상담소를 창설하고 평생을 직업코칭전문가로 살아온 안 에이워드 부인은 이렇게 말했다.

"성공하지 못한 사람에게는 하나의 공통점이 있어요. 그들은 자기가 무엇을 희망하는지 자신조차 모르고 있죠."

그랬다. 내가 무엇을 희망하는지 모르는 삶은 진정한 의미의 성공과는 거리가 멀 수밖에 없다. 그날 이후 꿈에 대한 고민이 시작됐다. 스스로에게 화도 내보고 변명도 하면서 왜 꿈이 없었는지 고민하다 부모님께서 내게 바랐던 꿈이 떠올랐다. 부모님은 맏딸인 내가 의사가 되길 원하셨다. 내 기억의 한 구석에서 혼자 나뒹굴고 있던 것을 그제야 발견한 것을 보니 그건 내 꿈이 아니었다. 단지 부모님 세대에 이루고 싶던 바람을 내게 투영한 것이었다.

세계적인 리더십 전문가 존 맥스웰은 40년에 걸쳐 위대한 꿈을 이룬 성공한 사람들을 연구하며 그들의 특성을 분석했다. 그의 책

《꿈이 나에게 묻는 열 가지 질문》에서 올바른 꿈을 구분할 수 있는 중요한 질문 10가지를 제시했다. 그중 첫 번째 질문이 '내 꿈이 정말 나의 꿈인가?'라는 꿈의 소유권에 대한 질문이다.

저자는 "꿈을 소유해야 꿈을 이룰 수 있다. 당신이 소유하지 않은 꿈은 결코 이룰 수 없다. 누구의 바람으로 비롯된 것이 아닌, 스스로 정말 되고 싶은 '미래의 나'라면 꿈과 자신은 서로 분리될 수 없다. 자신이 꿈의 주인이 되면 꿈을 이루고 싶은 뜨거운 열정이 불타오르며 영혼은 날개를 단 듯이 훨훨 나는 자유를 느낀다. 밤에도 꿈을 생각하며 어떤 역경과 시련을 만나더라도 이를 돌파할 수 있는 강력한 에너지가 샘솟는다."고 했다.

그렇다면 나는 어떻게 꿈을 찾을 수 있을까? 불행히도 우리 부모님 세대에는 '꿈'이라는 단어가 존재하지 않았다. 한국 전쟁 이후, 먹고사는 문제가 당면 과제였기 때문에 가난에서 벗어나는 것이 나라 전체의 유일한 소원이었다. 우리 부모님들은 안정적인 밥벌이 그 자체가 꿈이었다. 그야말로 내일의 꿈보다 오늘의 한 끼가 더 절실했던 시대다.

그런 부모님 밑에서 교육받고 자란 우리 세대가 어느덧 부모가 되었다. 경제적인 풍요와 문화적 여유, 질적으로 향상된 삶을 누리는 시대에 자녀를 교육하면서 아이들에게 꿈을 찾아주려는 부모는 스스로 난감해졌다. '꿈'이라는 것이 정확히 무엇인지 감을 잡을 수 없기 때문이다.

자신이 한 번도 해보지도, 가져보지도 못한 것을 아이에게 가르쳐줄 수 있을까? 꿈을 가졌을 때 나타나는 가슴 떨림과 영혼의 울림을 뜨거운 가슴으로 전달해 줄 수 있을까?

가만히 생각해 보니 요새 젊은이들에게 장래희망을 물어보면 공무원이나 선생님, 대기업 입사라는 답을 자주 들었다. 아마도 이런 직업을 갖게 되면 미래에 안정적인 생활을 할 수 있다는 생각을 넣어준 그 누군가 때문일 것이다. 어쩌면 꿈이 없는 부모 혹은 주변 그 누군가를 보고 자라며 이미 타성에 젖어버린 것인지도.

모범생이 정답이라고 교육받은 아이들은 실패에 대한 두려움이 학습되어 있다. 이제 젊은이들에게서조차 '세상을 깜짝 놀라게 할 만한 걸작을 만들어 세상을 변화시키겠다.'는 뜨거운 열정이나 패기는 찾아보기 어렵다.

이런 현상은 아이들에게 진로를 지도하는 부모나 선생님의 삶의 태도가 어느 정도 영향을 미쳤다고 생각한다. 도전하는 과정에서 오는 배움과 성장을 고생이라 생각하며 우리 아이만큼은 그 과정을 겪게 하고 싶지 않다는 부모의 잘못된 사랑에서 비롯된 것이다. 어쩌면 우리는 부모라는 이름으로 아무런 떨림 없는, 죽어있는 직업 목록을 아이들에게 강권하고 있는지도 모른다.

1992년에 퓰리처상을 받은 저널리스트 안나 퀸들렌은 2002년 사라 로렌스 대학에서 이런 말을 했다. "성공이 당신이 바라던 것이 아니라면, 당신의 영혼에 아무런 만족감을 주지 않는다면, 세상의 눈에 아무리 근사해 보일지라도 그것은 결코 성공이 아닙니다."

그래서 나는 결심했다. 지금부터라도 나의 꿈을 찾기로.

내 나이가 얼마든 꿈을 찾는 시간이 얼마가 걸리든 그것은 중요하지 않았다. 나는 죽기 전에 이런 꿈을 가졌노라고 세상에 선포하고 하루라도 그 방향으로 행복하게 살겠다고 다짐했다.

"엄마는 꿈이 뭐였어요?"가 아닌, "엄마의 꿈은 오늘도 안녕하세요?"라는 질문을 받겠다고 결심한 것이다.

02
나이 사십에
꿈 찾기라니!

"여러분은 모두 소명을 갖고 태어났습니다. 그 소명을 찾아야 합니다."
- '더불어 사는 세상을 위하여' 고정욱 작가 -

　　　　　　간담이 서늘했다. 엄마의 꿈은 뭐였냐는 과거형 질문에도 답하지 못하는 나를 보던 딸의 눈빛은 엄마에 대한 실망 그 자체였다. '좋은 직장? 그게 뭔데? 에이 시시해'로 이해하고 있음이 분명했다. 아니, '아무래도 공부는 해도 그만, 안 해도 그만이다.'로 결론짓는 것이 보였다. 찾아야 했다. 내 꿈이 뭔지, 원하는 것이 무엇이고, 내가 사는 이유가 무엇인지 분명 있을 것이라는 막연한 희망을 모두 걸고서라도.
　그동안 고민 한 번 진지하게 해보지 않은 탓에 어디서부터 시작해야 할지 모르는 꿈과 그렇게 사투가 시작됐다. 다행히 평소 책 읽는 습관이 몸에 밴 터라 우선 관련 서적 모두를 읽기로 했다. 당시 나온 자기계발 서적뿐 아니라 그동안 출간됐던 책들을 닥치는 대로 읽고 집중했다. 그런데 아무리 책을 읽어도 꿈을 찾는 방법이 보이지 않았다. 누구에게나 꿈은 꼭 필요한 일이며, 반드시 가져야 할 웅대한 비전이자 목표라는 방향키는 있지만 내 안의 꿈을 발견하고 찾아낼 수 있는 방법은 없었다.

마음이 조급해졌다. 그리고 모든 것을 다 안다는, 네이버 만물박사를 뒤지기로 마음먹었다.

꿈을 찾는 방법, 꿈 관련 모임, 세미나, 혹은 아카데미 등 검색엔진을 활용해 무작정 꿈 관련 정보들을 조사했다. 나 같은 사람이 많았는지 이내 다양한 모임과 세미나가 존재한다는 사실을 알게 됐다.

그러던 중 평소 알고 지내던 지인이 자신의 페이스북에 인생에 전환이 왔다며 올려놓은 글을 읽게 됐다. 이분은 오래진 결혼한 뒤 아이를 갖기를 원했으나 그토록 원하던 아이가 생기지 않아서 낙담을 하고 있었다. 직업도 골머리 깨나 썩는다는 광고 에이전시에 있었기에 늘 뭔가에 짓눌린 듯한 표정을 하고 있었다. 궁금했다. 인생의 전환이라.

목소리엔 힘이 넘쳐났다. 오랜만의 전화에 반가워하며 무언가에 들떠 있는 듯한 기운이 느껴졌다. 며칠 후 마주앉은 그분의 눈은 반짝반짝 빛나고 있었다. 어떻게 이렇게 '긍정적인 에너지'를 발산하게 되었을까 무척 궁금해졌다.

그분은 얼마 전 '꿈 세미나'라는 공개강좌에 참여했다고 했다.

그곳에서 '앞으로 30년 후에 무엇을 하고 있을까?'라는 질문을 받았고, 그 질문으로부터 자신의 꿈을 구체화 할 수 있었다며 빛나는 눈으로 과정을 설명했다. 본인의 꿈을 설명할 때 어린아이처럼 환하게 웃으며 봇물 터지듯 이야기하던 장면이 기억에 남는다. 아마도 그분의 얼굴이 그토록 밝게 빛났던 이유가 분명 있었을 것이다.

나 역시 추석 명절 이후 3개월의 외로웠던 고군분투를 뒤로하고 드디어 꿈 세미나에 참석했다. 흔히들 말하는 전율. 거기에서 나는 분명 전율을 느끼고 있었다. 꿈은 구체적인 탐색이 가능할 뿐 아니라, 시각적으로 나타낼 수 있는 '그 무엇'이었다. 20년간 회사를 다니며 사업계획서는 매년 작성해 왔으면서, 정작 내 꿈에 대해서는 그러지 않았다는 사실을 깨달은 순간이었다.

나는 지금의 일을 좋아한다. 다행히 내가 소중하게 생각하는 것, 내가 잘하는 것을 탐색하는 과정에서 지금의 일과 연장선에 있는 꿈을 찾을 수 있었다.

꿈을 가진 사람들은 꿈을 이루는 방법을 찾기 위해 이런 세미나에 자석처럼 끌려왔다. 하루는 주말에 진행되는 세미나가 있었는데 남편이 출장 중이라 아이들을 돌봐줄 사람이 없어 아이들과 함께 참석했다. 그때 강의 제목은 '꿈을 이룬 고수들의 삶'이었다. 전 세계 각 분야 고수가 된 사람들의 특성과 최고가 되기 위해 어떻게 목표를 설정하고, 탁월한 역량을 쌓을 수 있었는지 다양한 사례가 소개되었다. 어른들을 대상으로 진행되는 세미나여서 나는 앞쪽에 앉고, 아이들은 뒤쪽에 앉게 했다. 질문까지 3시간 동안 진행

되는 세미나였는데, 아이들은 스크린이 잘 보이지 않는 맨 뒤에 앉아 열심히 듣고 있었다. 아직 초등학생들이라 강의 내용을 모두 알아듣지는 못했지만, 아이들도 누군가 가슴 뛰는 꿈을 설정하고 열심히 살아서 마침내 이뤄낸 성공 스토리에 관심이 높다는 것을 처음으로 알게 된 날이다. 그 날 이후, 아이들과 시간이 맞거나 아이들이 들어도 좋은 세미나는 함께 등록해서 다니고 있다. 영화를 보고 나서 이야기 하듯 세미나 이후에 이해되지 않은 부분이나 궁금한 내용을 질문하며 내용을 복습하는 재미도 쏠쏠했다. 꿈이 정해진 이후에 시간과 노력을 그 방향으로 집중하면서 다른 군더더기에 신경 쓸 필요가 없어지자 평안한 감정을 느낄 수 있었다.

사실, 나와 우리 아들은 사이가 그리 좋지 못했다. 정확히 말하면 아들은 내가 다가갈수록 나에게서 멀어지곤 했다. 간섭하는 걸 너무 싫어하는 탓에 가만두면 엉망이 되었고, 어쩔 수 없이 조금이라도 챙겨볼라치면 어긋나 버리기 일쑤였다. 내가 처음 꿈을 찾게 되었을 때도 아들에게 전하고 싶어 안달이 나 있었다. 엄마가 꿈을 찾게 되었고 그 과정에서 너무 많은 것들을 경험했다고 말하고 싶었다. 그러나 아들은 '이번엔 뭐지? 새로운 버전의 또 다른 간섭인가?'라는 눈초리를 던지며 도무지 가까이 오지 않았다. 아들은 노력하면 할수록 더 어긋났다. 나는 그런 아들을 그냥 두기로 했다. 대신 내 꿈에 몰두하며 꿈 세미나에서 배운 '꿈의 신전'을 만들어 안방 가장 잘 보이는 곳에 걸어 두었다. 그렇게 조금씩 생활 전반에 변화를 꿰가갈 때쯤 아들이 먼저 물어 왔다.

"엄마 이게 도대체 뭐예요? 요즘 엄마가 많이 다른데 이것 때문이에요?"

기회는 왔다.

내가 나의 꿈에 몰두하면 할수록 그렇게 아이들은 엄마의 변화에 관심을 보이며 그 이유를 궁금해했고 스스로 관심을 보이며 다가왔다.

03

전율,
그리고 내면의 떨림

"성공의 비결은 자신의 계획이 완성된 모습을 얼마나 볼 수 있느냐에 있다."
- 석유왕 흐라글러 -

"미국 전역에서 스타벅스 커피를 마시기 위해 사람들이 매장에 줄 서 있는 모습을 떠올려보았다. 나도 모르게 뿌듯한 기분이 들었다."

스타벅스 CEO 하워드 슐츠가 첫 해에 15개 매장으로 시작해 5년 안에 125개 매장을 열겠다는 원대한 목표를 세우면서 스스로에게 다짐했던 말이다. 이러한 다짐과 확신은 2008년에 스타벅스의 강력한 전략적 비전인 〈우리의 포부〉로 선언되었다.

"세계에서 가장 인정받고 존경받는 브랜드로서 고객의 영혼을 고취하고 자양분을 공급하는, 영속적이고 위대한 기업이 된다."

하워드 슐츠는 '미국 전역뿐 아니라 전 세계에 스타벅스만의 독특한 커피 문화를 전파하겠다.'는 큰 꿈을 갖고서 이미 이루어졌다고 강렬하게 믿으며 꿈을 단계별로 실현해 갔다. 그는 전 세계인들이 스타벅스 매장에서 커피를 받아가는 꿈이 이뤄진 기쁜 순간을 감정으로 생생하게 느끼며 꿈에 대한 확신을 키워 나갈 수 있었다. 이것이 바로 '사는 대로 생각하는 것이 아닌, 생각대로 살아가는' 성공하는 사람들의 방식이다.

특히 꿈이 세상을 바꾸며 가져오는 혜택과 세상에 미치는 영향을 느끼고 정의할 수 있을 때 열정적인 행동은 시작된다. 대의명분을 제공하고 큰 의미를 갖는 꿈은 강한 실행력을 갖게 된다. 실제로 대의명분이 큰 사람일수록 많은 사람들의 지지를 받는다.

소프트뱅크 손정의 회장은 '정보혁명으로 사람을 행복하게 한다.'는 큰 꿈을 품고 개혁을 두려워하지 않으며 끊임없이 '자기혁명'을 실천하는 분이다. 그는 소프트뱅크를 세우던 당시부터 소프트웨어를 유통하는 장사꾼이 된다거나, 어느 정도 돈을 벌어 편하게 살겠다는 생각을 하지 않았다. '디지털 정보혁명을 통해 사람들이 지혜와 지식을 공유해 기업 가치를 높이고 인류와 사회에 공헌한다.'는 큰 포부를 품었다. 이렇게 처음부터 큰 뜻을 품었기에 불가능해 보이는 사업을 벌이고, 상상을 뛰어넘는 기업의 인수합병을 성공시켜 깜짝 놀랄만한 결과를 만들어 냈다. 그는 디지털 정보 산업분야에 엄청난 혁신을 이뤄냈다.

이처럼 처음부터 꿈을 크게 갖는 것은 정말 중요하다. 사회에 어떤 영향을 미치는 꿈을 갖느냐에 따라 인생이 달라지기 때문이다.

실제로 꿈의 크기는 힘들고 지칠 때라도 포기하지 않고 계속 달리게 하는 엔진의 크기에 비례한다. 큰 꿈을 꾸는 아이들은 꿈을 이루기 위해서 자기 주도적인 학습을 하게 된다. 자신의 큰 꿈에 매력을 느끼며 꿈이 이뤄지는 순간까지 포기하지 않고 끈질기게 꿈을 실현해 나간다. 손정의 회장의 인생을 바꾸게 만든 전환점은 고등학교 1학년 여름방학 미국 연수 때였다. 그는 미국이라는 땅이 갖고 있는 무한한 가능성을 직관적으로 느꼈다. 풍족한 자연 환경과 자유로운 분위기에 완전히 매료된 그는 부모의 반대를 무릅쓰고 다음 해 2월 미국 유학길에 오른다. 그리고 고등학교 1학년에 편입한지 2주 만에 고등학교 졸업에 합격함으로써 큰 꿈을 이루기 위해 필요한 공부에 박차를 가하기 시작한다. 그리고 19살이 되던 해, 그 유명한 〈손정의 인생 50년 계획〉이라는 인생 대계를 세웠다. '20대에 이름을 날리고 30대에 사업 자금을 최저 1천억 엔 이상 모은다. 40대에 사업에 승부를 걸고 50대에 사업을 완성시켜 60대에 후계자에게 물려준다.'

　고등학교 시절에는 누구나 멋진 인생 계획을 세울 수 있지만 그가 보여준 진가는 실천하는 행동력이라고 할 수 있다. 실제로 손정의 회장은 열아홉에 세운 인생 계획에서 한 치도 벗어나지 않는 삶을 살고 있다. 그는 한 강연에서 "한 번뿐인 인생 중 여러분이 스스로 오르고 싶은 산(꿈)을 빨리 결정하길 바란다. 자신의 인생을 무엇에 걸 것인가를 빨리 결정해서 그 꿈의 실현 가능성을 높이길 바란다."라고 했다. 이렇게 큰 꿈을 어린 시기에 품게 되면 그 방향으로 달려가게 되어 성공 가능성도 높다.

나는 사십 대 중반이 되어서야 인생의 꿈을 찾았다. 물론 꿈도 없이 흐지부지 사는 삶에 비하면 늦게나마 찾은 것도 천만다행이다. 하지만 좀 더 일찍 꿈에 눈을 떴다면 내 인생이 얼마나 달라져 있었을까 생각하니 아쉬운 마음이 남는다.

"일찍 뜻을 품은 자는 강하다. 목표할 산을 정하지 않고 걷는 것은 이미 길을 잃은 것이나 마찬가지다."라고 손정의 회장은 말했다. 그런 의미로 보면 지난 사십 평생을 길 잃은 상태로 보내고 있었다는 생각이 든다. 그래서 나는 우리 아이들이 좀 더 이른 시기에 세상을 변화시키는 이로운 꿈을 품기 바랐다.

큰 아이인 아들의 경우 자신의 꿈을 1조원을 버는 CEO로 정했다. 나는 아들에게 왜 돈을 벌고 싶은지, 그 돈으로 무엇을 하고 싶은지, CEO 중에서 롤모델은 누구인지 지속적으로 질문했다. 그러나 아들은 이 질문에 늘 1차원적인 답을 했다.

"왜 CEO가 되고 싶어?" 물으면 "부자가 되고 싶어서"라고 대답했다.

내가 다시 "왜 부자가 되고 싶은데?"라고 물으면 "비행기도 사고 싶고 호텔도 짓고 싶고 빌딩도 사고 싶어서"라고 답했다. 나는 또 물었다.

"그거 사서 뭐 할 건데?"

"좋잖아, 그냥!"

나는 세상을 좀 더 이롭게 만들고 싶다는 마음을 끄집어내 주고

자 질문을 던진 것인데 아들은 이내 버럭하고 화를 냈다.

"아 됐어, 그냥 잘살면 좋잖아! 뭘 자꾸 꼬치꼬치 캐물어!"

그러곤 휙 내가 없는 곳으로 가버렸다. 사실 딸아이에 비하면 아들 녀석에게는 두 배의 노력을 쏟아야 했다. 나는 아들 스스로 꿈에 대한 올바른 목적을 찾을 수 있도록 빌게이츠, 스티브잡스, 워런버핏 같이 부를 사회에 환원한 사람들의 전기가 담긴 책을 사주었다.

처음에는 열심히 번 돈을 사회에 환원한다는 내용을 읽으면서 '와, 정말 아깝다! 난 그러기 싫은데…'라며 안타까워하는 눈치였다. 그러나 연속해서 관련된 책을 몇 권 읽더니, "엄마, 이 사람들 정말 대단한 것 같아요. 좀 멋져 보인다."라며 이내 올바른 방향으로 생각을 돌리는 것을 볼 수 있었다.

사람이 어려서부터 큰 꿈을 품게 되면 사사로운 개인이익이보다 더 큰 의미 중심으로 생각하는 힘이 강해진다. 손정의 회장은 기업 비즈니스에서 가장 중요한 것은 이윤 추구가 아닌 '뜻(志)'이라는 것을 강조하기도 했다. 그의 모든 의사결정은 사업을 통해 '사람을 행복하게 할 수 있느냐'로 귀결된다. 이렇게 분명한 이념과 비전을 세우고 사업을 추진하고 있어 많은 기업가들에게 존경과 귀감이 되고 있다.

지금까지 내가 꿈을 전파한 사람 중에는 학생도 있지만 어른도 많다. 나이를 떠나 꿈을 찾고 확신하는 과정에 대한 궁금증은 같았다. 내가 원하는 것을 어떻게 파악할 수 있는지, 그것이 나의 소명인지 아닌지를 어떻게 확신할 수 있느냐는 것이다.

가정용품 회사의 부사장으로 재직하고 있던 하워드 슐츠는 시애틀의 작은 스타벅스 매장을 방문했을 때 그의 내면에서 '그래, 바로 이거야!' 라는 목소리가 들려왔다고 한다. 하워드 슐츠는 스타벅스를 알게 된 자신을 행운아라고 생각하면서 커피 전문점 사업에 관심을 갖게 되었다. 이렇게 성공한 사람들은 외부 환경이 아닌, 자기 내면의 목소리에 귀를 기울인다. 자기 자신에 대한 믿음과 사랑, 그리고 진정으로 원하는 것에 대해 끊임없이 질문하는 과정에서 내면의 확신을 찾는 것이다.

내 경우에도 '우리나라 청년들이 꿈꾸는 사업을 시작하고 운영하는데 보탬이 되고 싶다.'는 생각을 했을 때 분명한 내면의 떨림을 느꼈다. 그리고 이내 그것은 내 꿈이 되었다.

이렇게 찾은 내 꿈의 정의를 '미래혁신 창업재단'이라 이름 붙였고, 사업 규모를 5천억 원이라고 선언했다. 엄마가 이렇게 큰 규모로 청년들의 창업을 지원하겠다고 선포하니까 아들도 1조원 규모의 회사를 만들겠다는 꿈을 선포하고 나선 것이다. 딸은 '해리포터'와 같이 세계적인 베스트셀러를 저술하는 작가이면서 동시에 대한민국 문학의 우수성을 전 세계에 알리는 노벨문학상 수상작가가 되고 싶다는 꿈을 설정했다.

아이들이 알고 있는 직업의 세계가 다양하지 않기 때문에 지금 설정한 꿈이 확정적이라고 생각지는 않는다. 그러나 본인의 가슴 속에 울림을 느끼면서 아들은 덕망 높은 부자가 되고 싶고, 딸은 책과 글을 통해 세상을 변화시키고 싶다는 꿈의 방향성을 찾았다.

큰 꿈일수록 힘이 세다. 내 가슴이 시키는 '큰 꿈'을 갖게 되면 성공할 때까지 거쳐야 하는 수많은 난관 앞에서 결코 멈추지 않는 강력한 터보엔진을 장착한 것과 같기 때문이다.

이제 나와 아이들은 서로에게 칭찬과 격려를 나누며 더욱 가까워졌다. 매일의 일상이 각자의 꿈과 어떻게 연계되는지, 서로를 따뜻하게 관찰하면서 조언도 아끼지 않는다. 사실 많은 대화를 나누면서 아이들의 꿈을 더 많이 알 수 있다는 자체가 행복이었다. 가장 중요한 것은 엄마가 바라는, 남들 눈에 좋아 보이는 꿈을 찾는 것이 아니라 본인이 정말 재미를 느끼며 앞으로 하고 싶은 것을 찾아가는 과정이다.

04

47세 촌스럽고 뚱뚱한 수잔보일이 세계를 놀라게 하다.

'어떻게'를 아는 사람은 반드시 일을 찾을 것이다.
'왜'를 아는 사람은 반드시 성공할 것이다."
- 교육가 다이안 라비치 -

영국의 인기 오디션 프로그램인 '브리튼즈 갓 탤런트'에서 47세의 촌스럽고 통통한 수잔 보일이 무대에 등장했을 때, 심사위원들의 시큰둥한 표정과 관중들이 비웃는 장면이 카메라에 포착되었다. 노래를 시작하기 전 짧은 인터뷰에서 수잔 보일은 자리에 오르기 위해 열두 살 때부터 연습했고, 마흔일곱 살이라는 지금의 나이는 단면일 뿐이라며 너스레를 떨었다. 그리고 그녀를 일약 스타덤에 오르게 한 천상의 목소리로 뮤지컬 레미제라블의 삽입곡인 '나는 꿈을 꾸었네(I Dreamed A Dream)'를 열창했다. 나는 이 장면을 보면서 어느 누가 봐도 보잘것없어 보이는 그녀의 내면에 단단하게 자리 잡고 있는 자존감을 느낄 수 있었다. 유년시절부터 타고난 학습 장애와 못생긴 외모로 사람들과 잘 어울리지 못했던 그녀는 괴로움을 견디기 위해 자신이 좋아하는 노래를 불렀다. 어느 누구도 그녀에게 관심을 보이지 않았지만 오직 그녀의 어머니만은 "너는 아름다운 목소리를 가진 예쁜 내 딸이다."라며 끊임없이 칭찬했다. 수잔은 어머니의 바람을 이뤄드리기 위해 그 무대에 섰고, 그 한 번의 무대는 그녀의 인생을 송두리째 바꿔놓았다. 세상 모든 사람들이 그녀는 할 수 없다고 조롱했지만 어머니의 지속된 칭찬과 격려덕분에 그녀는 인생의 어두운 터널에서 벗어날 수 있었다. "이제 어두운 밤 같은 내 인생에 빛이 찾아왔다. 이제 나와 같은 처지에 있는 사람들에게 꿈을 심어주고 싶다."며 꿈꿔 왔던 가수로서 누군가의 꿈이 되어 왕성한 활동을 하고 있다.

이렇게 엄마가 자녀의 재능을 발견하고 지속적으로 칭찬과 격려를 하면 아이는 자신의 재능을 잊지 않고 언젠가 그 꿈을 이루겠다는 신념을 갖게 된다. 나는 수잔 보일의 성공 사례를 보면서 나폴레온 힐의 《놓치고 싶지 않은 나의 꿈 나의 인생》의 한 구절이 생각났다. "동요되지 않는 신념, 그것이 당신의 사고를 힘으로 바꾼다. 신념은 당신의 한계를 뛰어넘어 새로운 자신으로 만든다. 즉 당신을 도전하는 인간으로 변화시킨다."

이뤄질 수 없는 불가능한 상황에서도 엄마가 무한한 애정으로 심어준 신념의 씨앗은 아이의 잠재의식 속에 어느 순간 싹을 틔운다. 일상생활에서 아이가 꿈을 확신하도록 도와주고 끊임없는 칭찬하는 과정은 꿈의 씨앗에 물과 거름을 주며 정성껏 키우는 과정이다.

하지만 '넌 원래 머리가 좋아. 넌 참 똑똑해.' 등 아이의 능력에 대한 칭찬은 좋지 않은 칭찬이다. 계속 똑똑하다는 칭찬을 받은 아이는 실수하는 일을 극도로 두려워한다. 결국 새로운 시도를 두려워하는 아이로 자랄 수밖에 없다. 대신 아이가 어떤 일에 관심을 갖고 그 분야에 깊이 탐구해 어떤 결실을 맺었거나, 지속적으로 어떤 노력을 기울여 좋은 결과를 얻게 된 것을 칭찬하는 것은 매우 효과적이다. 그런 칭찬을 들으면 아이는 새로운 것에도 두려움 없이 호기심을 갖고 결과로 도출될 때까지 집중하는 뚝심을 갖게 된다.

아이의 미래는 아이가 스스로에게 느끼는 자존감의 크기에 비례한다고 해도 과언이 아니다. 부모의 올바른 칭찬과 동기부여는 아이가 평생 가져갈 자산인 자존감을 키우는 결정적 역할을 한다. 특히 무조건 덮어놓고 칭찬하는 것이 아니라 아이가 실제로 보여준, 노력하는 과정과 그로 인한 결과를 구체적으로 칭찬해야 한다. 아이는 이렇게 본인의 행동에 직접 연결된 칭찬을 받을 때 엄마의 세세한 관찰력에 감사하게되며 '나는 노력하면 무엇이든 할 수 있다.'는 높은 자존감을 갖는다.

내가 꿈을 설정한 후에 아이들과 서로의 꿈이 어떻게 성장하고 있는지, 오늘은 어떤 노력을 기울였는지 얘기하는 시간이 많아졌다. 그렇게 서로의 꿈이 구체화되는 과정을 공유하며 서로에게 칭찬을 하니, 꿈에 대한 자부심이 커질 뿐 아니라 꿈을 이루는 효과적인 방법을 스스로 찾게 되었다.

　나는 엄마로서가 아닌 꿈 동지로서 아이들에게 여러 질문을 건넸다. 엄마의 많은 질문에 아들은 사업가의 롤모델을 스스로 찾기 시작했다. 나는 아들이 스스로 선택한 이 탐색과정을 크게 칭찬해 주었다.

　책을 읽는 것을 좋아하는 딸은 책을 읽으며 본인이 깨달은 것을 책으로 출간해 친구들과 공유하고 싶다고 했다. 남을 가르치는 것을 좋아하므로 국문과 교수이면서 책을 출간하는 저자, 그리고 꿈과 희망을 심어주는 강연가로 자신의 꿈을 설정했다. 그리고 기왕 책을 쓴다면 꿈을 크게 확장해 한국 문학의 우수성을 전 세계에 널리 알릴 수 있는 대한민국 최초의 노벨문학상 수상까지 욕심내고 싶다고 했다. 딸은 자신이 좋아하는 분야의 책들만 주로 읽었는데, 꿈을 설정한 후에는 다양한 분야의 지식을 쌓아 책으로 쓰고 싶다며 독서의 폭을 넓히기 시작했다. 또한 책을 읽기만 했더니 머리에 남는 것이 없다며 현재 독서 습관의 문제점을 스스로 지적했다. 그래서 책을 읽고 나면 책 내용을 요약하고 본인이 깨달은 것과 앞으로 실천할 것들을 정리한 독서 노트를 작성하기 시작했다. 엄마가 책 쓰기에 몰입하는 것을 보면서 자극을 받았는지, 어느 날은 몇 살부터 책을 출간할 수 있는지 물어 왔다. 작가가 된다는 것은 독자들에게 전달할 만한 가치 있는 내용만 준비되면 가능한 것이라 나이 제한은 없다고 했다. 그랬더니 본인의 첫 번째 책을 출간할 수 있다면 정말 멋지겠다며 자신의 책을 꼭 내고 싶어 했다.

그렇게 일주일에 몇 번씩 서로의 꿈 다이어리를 공유하며 엄마가 꿈을 향해 노력한 것을 딸이 칭찬해주고, 딸이 노력한 것에 대해서는 엄마가 칭찬을 해주니, 서로 이미 꿈을 이룬 것처럼 행복한 대화 시간을 보내게 되었다.

우리는 서로의 꿈을 완전히 확신한 나머지 딸이 이미 노벨문학상을 수상한 것처럼 생각되고, 아들은 1조원 자산을 가진 성공한 CEO라는 착각이 든다. 아이들도 역시 엄마는 이미 '미래혁신 창업재단장'이 되었다고 생각해준다.

05
상상만으로도
심장이 터질 듯한 그것

"우리의 인생은 우리의 사고로 만들어진다."
- 로마의 황제 마르쿠스 아우렐리우스 -

    나는 요즘 예전에 선물 받은 장지갑을 꺼내 사용하기 시작했다. 지폐가 구겨지거나 접히지 않도록 보관하기 위해서다. 내 꿈을 이룬 후에는 분명 풍요로운 부를 누리고 있을 것이다. 그러니 하루 수십 번 이상 여닫는 지갑에서 부자라는 기분을 느끼는 것이 필요했다. 그래서 은행에 들를 때마다 빳빳한 새 돈으로 바꿔 같은 방향으로 가지런하게 정리해 넣기 시작했다. 이렇게 하니 현금을 쓸 때마다 새 돈을 꺼낼 때 느껴지는 팽팽한 손끝 감각이 느껴졌다. 그리고 '내가 원하는 것을 얻기 위해 돈의 도움을 받을 수 있어 감사합니다.'라고 중얼거렸다.
    아이들도 엄마에게 준비물이나 용돈을 받을 때 엄마 지갑 속에 가지런히 정리해 둔 빳빳한 새 돈을 받게 된다. 나는 아이들에게 돈을 줄 때마다 "멋진 꿈을 이루기 위해 소중한 돈으로 필요한 것을 살 수 있어서 감사합니다."라고 말했다. 아이들은 재미있는지 덩달아 웃으며 "제 꿈을 이뤄주는 돈을 주셔서 감사합니다."라고 엄마 말을 따라하며, 작은 금액이라도 소중하고 감사한 마음으로 받기 시작했다.

예전에 뉴스에서 돈이 많은 사람을 거치며 병균이 득시글한 세균덩어리로 변해 간다는 사실을 접한 적이 있다. 그 후로 나는 아이들에게 용돈을 줄 때마다 반지갑 속에 허리가 굽혀져 있는 지폐를 무슨 더러운 물건이라도 집어 들듯 엄지와 검지 손톱 끝으로 살짝 집어 주곤 했다. 아이들도 무슨 만지지 못할 물건이라도 전달받는 듯, 엄마를 따라 엄지와 검지로만 살짝 집어서는 얼른 주머니에 구겨 넣고 다녔다. 이렇게 무의식중에 돈을 홀대했으니 돈도 우리 가족을 소중히 여기지 않았을 것이다.

나와 아이들이 꿈을 갖게 되자 가장 먼저 완성해야 할 역량은 언제 어디서든 자신 있게 '스피치' 하는 것이라는 생각이 들었다. 그래서 아이들과 함께 다닐 수 있는 스피치 학원을 등록해 매주 한 번씩 같이 다녔다. 내 업무 스케줄도 만만치 않았고, 아이들도 숙제나 학원 등으로 빼곡하게 채워져 있는 시간표였다. 하지만 스피치 역량이 필요하다는 것에 모두 동의했고 일주일에 하루는 반드시 시간을 내기로 했다. 원래는 어른들만 다니는 곳이었지만 스피치 학원에서 편의를 봐주어 어른들 반에 아이들도 참여할 수 있었다.

첫 수업시간에 왜 스피치를 배우러 왔는지 자기소개 시간이 있었다. 아이들은 어른들 앞이라고 기죽지 않고 본인의 명확한 꿈을 얘기하면서 꿈을 이루기 위해서는 스피치를 잘 하는 것이 필요해 참여하게 되었다고 당당히 소개했다. 엄마로서 아이들의 당당한 모습이 정말 뿌듯했다. 아이들은 금방 그 학원의 귀염둥이들이 되었다. 몇몇 수강생 분들은 우리 자리로 찾아 오셔서 아이들이 어쩜 이렇게 다부지냐며 칭찬해주셨다. 그리고 아이들을 통해 큰 자극을 받게 되었다고 격려했다. 아이들은 쑥스러워하면서도 행복해하며 다음 스피치 시간에는 좀 더 잘해야겠다는 강한 동기부여를 받았다.

나는 스피치 수업 시간에 책에서 감동을 받은 문구나 꿈을 이루는 과정에서 새롭게 느낀 경험을 공유했다. 이때 많은 분들이 열정적인 나의 모습에 열렬히 호응해주셨다. 아이들도 엄마가 꿈을 가진 기쁨과 설렘, 꿈을 이루는 성취감을 행복하게 발표하는 장면을 스마트폰으로 녹화해주는 등 하나가 되어 응원했다. 특히 부자가 되고 싶은 강한 열망이 있는 아들과는 고급 브랜드 자동차 매장에 함께 들러 직접 차를 구경하고 타보기로 했다. 자신의 꿈을 이뤘을 때 함께 따라오는 부유함이 얼마나 짜릿한 쾌감을 주는지 직접 느껴볼 수 있도록 한 것이다. 최고급 쇠고기를 맛보지 못한 사람은 최고급 한우를 먹고 싶다는 소원을 가질 수 없다. 그러므로 명품 브랜드 자동차 주인이 된다는 것이 어떤 느낌인지 직접 느껴볼 수 있는 기회는 중요했다. 당연히 아들은 그날 자동차 매장에서 "와! 이 느낌 정말 고급스럽다. 엄마 이것 좀 보세요. 완전 최고예요! 저도 이 자동차 정말 갖고 싶어요."라는 탄성을 연발했다. 아들의 자동차 사랑이 극진한 것을 다시 한 번 느끼면서 자동차 모델의 미니어처를 선물했다. 아들은 좋아서 펄쩍 뛰며 이 자동차 미니어처를 매일 만지고 보았다. 그리고 이 멋진 자동차를 타고 다니는 미래를 더 구체적으로 꿈꾸기 시작했다. 무엇이든 꼼꼼하게 기록하기 좋아하는 딸에게는 엄마와 세트로 구입한 다이어리를 선물해주었다. 매일 상세하게 계획과 결과를 정리하며 본인이 최근 읽은 책과 감명 받은 내용을 그림과 함께 예쁘게 정리하기 시작했다. 나도 책을 집필하면서 필요한 참고 도서 리스트나 멋지게 꿈을 이룬 사례들을 적어 갔다.

딸은 내 다이어리를 들춰보면서 엄마가 꿈과 관련해 어떤 새로운 일들을 했는지 유심히 관찰한다. 본인이 새롭게 정리한 내용에 대해서는 눈빛을 반짝이며 나에게도 공유해준다. 실제로 부에 대한 마인드를 바꿔서 엄청난 부를 얻은 사토 도미오씨는 그의 경험을 정리한 책《지금 당장 롤렉스 시계를 사라》에 "욕망이 있고 꿈이 있으면 꿈에 계속 투자하게 되고 그에 걸맞은 사람이 되어 결국 손에 넣게 된다. 이것은 부자가 되고 싶은 사람이 알아야 할 가장 중요한 비밀이다."라고 설명한다.

꿈이 정말 절실하다면 꿈을 이룬 나의 모습을 상상만 해도 가슴이 두근거려 심장이 터질 것처럼 느껴진다. 일정 기간 끈기 있게 꿈을 그려 온 사람의 오늘에는 꿈이 스며들어 있다. 이렇게 꿈을 생각하며 꿈의 방향으로 하루하루를 살다보면 어느덧 내가 곧 꿈이고, 꿈이 곧 나라는 일체감을 느낀다.

아이들은 자신이 원하는 꿈이 얼마나 좋은 것인지 명확한 느낌을 갖고 있지 않다. 그러니 절실하지도 않다. 결국 아이 스스로 원하는 꿈이 이뤄졌을 때의 감정을 느껴보도록 해 주는 것이 중요할 수밖에 없다.

꿈을 이루기 위해 투자하는 비용은 절대로 아끼지 않는 모습을 보여준다든가, 맛있는 식사와 휴양지의 멋진 여행 등을 경험하게 해주면 자유로운 상태를 경험하고 이것을 진정으로 원하는 마음을 갖게 할 수 있다.

남에게 베푸는 기쁨을 느끼게 해주려면 기부나 봉사활동에 참여시켜보자, 자신이 아껴 저축한 것을 어려운 사람에게 기부하거나 재능을 나눠줬을 때 샘솟는 기쁨을 알게 하기 위해서다. 이런 경험은 남에게 주는 것이 결국 자신에게도 행복한 일임을 알게 한다.

이것이 바로 꿈꾸는 아이로 키우는 방법이다.

06

엄마의 꿈에
전염된 아이들

"오랫동안 꿈을 그린 사람은 그 꿈을 닮아 갑니다."
- '코이카의 꿈' 오충헌 -

　　　　　　　엄마의 꿈 실행력이 강할수록 아이의 꿈에 대한 소망이 강렬해지는 것을 경험하면서 꿈의 긍정적인 파급효과를 확실히 느낄 수 있었다. 나서영 작가가 쓴 《알로마노, 달의 여행》은 주인공이 꿈을 이뤄 가는 과정에서 주변 사람들도 꿈을 소망하게 된다는 내용을 재미있게 풀어낸 소설이다. 이 책에 "하늘을 나는 것은 새의 본능이지. 비록 날개를 다쳤어도 그것으로 본능은 꺾이지 않아. 언젠간 날갯짓을 시작할 거야."라는 인상적인 문구가 나온다.

　새가 하늘을 나는 것이 타고 난 본능이듯, 인간도 꿈을 꾸는 본능을 갖고 태어났다. 그러니 죽은 듯 살아가다 꿈을 가슴에 품고 멋지게 이뤄 가는 사람을 만나면 꿈을 향한 본능이 꿈틀거리며 살아난다. 꿈을 가진 사람의 진가는 그 사람이 꿈을 향해 도전하는 과정에서 나타난다. 꿈을 향한 과감한 발걸음이 주변에 영향력을 발휘하는 것이다. 살아있는 꿈은 만나는 사람을 흔들어 깨우는 강한 전염성을 갖고 있다. 나도 꿈을 찾고 이를 열정적으로 이뤄가는 과정에서 아이들의 내면에 잠들어 있던 꿈을 일깨웠다는 사실을 발견했다.

꿈을 품은 후에는 하루 종일 이 꿈을 빨리 이루고 싶다는 열망으로 가득 찬다. 너무나 간절히 이뤄지길 원하기 때문에 해야 할 일들이 매 순간 섬광처럼 떠오른다. 이렇게 한번 머릿속에 떠오른 일들은 엄청나게 빠른 속도로 실천하게 된다. 내 꿈을 향한 발걸음을 방해하는 사람이나 모임은 어느새 자연스럽게 나와 멀어지는 것을 발견하기도 한다. 간절히 원한다면 그것을 만지고 싶고 손에 넣고 싶어진다. 누군가를 죽을 만큼 사랑한다면서 만나지도 않고 연락도 하지 않는다면 그것은 진짜로 사랑하는 것이 아니다. 마찬가지로 꿈 역시 당장 내 눈앞에 펼쳐지는 광경으로 보고 싶어 안달이 난다. 그러니 꿈을 실행할 방법을 고민하다가 아이디어가 떠오르면 바로 뛰어들 수밖에.

나 역시 꿈에 대한 상상만으로 금방 기분이 좋아지는 것을 느낀다. 아침에 기상할 때조차 그 감정을 느끼고 싶어 꿈 선언문을 녹음해 알람소리로 설정했다. 음성만 녹음하니 너무 비장한 느낌이 들어서 내가 제일 좋아하는 〈Top of the World〉라는 팝송을 배경

음악으로 틀어놓고 아래 내용을 힘차게 낭독했다.

"나는 모든 사람의 상상력과 열정을 현실로 실현시켜주는 미래혁신 창업재단장이다. 오늘도 반짝 반짝 눈을 빛내며 뜨거운 열정과 강한 추진력으로 꿈을 실현하는 젊은 사업가들을 만날 생각을 하니 가슴이 설렌다. 세계 1위의 상상력과 경제의 허브, 대한민국을 이끌어 가는 청년 사업가들은 내 인생의 최대 기쁨이요 보람이다. 최고의 스타트업 성공률을 자랑하는 미래혁신 창업재단은 세상을 깜짝 놀라게 할 만한 100개의 성공 스토리를 창출해낸 세계적으로도 유일무이한 창업재단이다. 존경받는 국가인 대한민국의 창조 경제를 배우기 위해 전 세계가 대한민국을 벤치마킹하고 있다. 상해 와이탄 신천지 지역과 미국 실리콘밸리에 설립한 Dream Angel 해외지사도 더욱 바빠지고 있다. 축복의 선물인 오늘 하루도 나의 멋진 꿈인 미래혁신 창업재단을 즐기면서 행복하게 몰입할 것을 생각하니 정말 기쁘다. 나 자신을 진심으로 사랑하며 응원한다."

나는 하루 중 언제라도 꿈을 스스로에게 상기시켜 활력을 불어넣고 싶을 때 이어폰을 꽂고 녹음을 반복해 듣는다. 꿈을 잠재의식에 명확하게 심어 놓고 싶어서다. 무의식적으로 반복된 일을 처리하는 동안, 그리고 잠자는 동안에도 잠재의식은 항상 깨어 꿈을 이루기 위한 일들을 쉬지 않고 있다. 김태광 작가는 《이미 이루어진 것처럼 살아라》에서 의식과 잠재의식의 관계를 명확하게 정의했다. "꿈을 가지는 것은 의식이 하는 일이지만 그 목표를 이루기 위해 실행하는 데는 잠재의식이 관여한다. 잠재의식은 꿈을 이루기 위해 필요한 행동과 습관을 통제하거나 기회를 포착하고 영감을 끌어당긴다. 의식은 항로를 통제하고 명령을 내리는 선장에, 잠재의식은 갑판이나 기관실에서 일하는 선원들에 비유할 수 있다. 선장이 목적지를 정한 뒤 배를 목적지로 빠르게 또는 느리게 움직이는 것은 선원들이다. 그래서 의식과 잠재의식의 힘이 하나가 될 때 엄청난 추진력으로 목적지에 도달하게 된다."

즉 의식적으로 원하는 목표를 선택하고 이미 이루어진 것처럼 구체적으로 상상해야 한다. 이 때 그 일이 이루어졌을 때의 감격과 흥분 등의 강한 감정이 수반되도록 생생한 느낌을 불러일으킨다. 그러면 어느새 긍정적인 결과에 대한 확고한 믿음이 잠재의식에 자리 잡는다. 이 과정을 지속적으로 반복하면 '나는 이미 성공적인 결과를 알고 있다.'는 본능적인 환희가 몸에 배어나오면서 '원하는 것이 이루어서 정말 기쁘고 감사하다'는 마음이 잠재의식에 각인된다.

나는 이렇게 무한한 능력을 가진 잠재의식이 나의 꿈을 실현하는데 총력을 기울일 수 있도록 다양한 자기암시 기법을 일상생활에 적용하고 있다.

우선 책상 위에 꿈의 신전이라는 나만의 꿈 포트폴리오를 출력해 붙여 놓았다. 또한 꿈이 이뤄진 순간을 상징하는 이미지나 사진을 인화해 보물지도를 만들어 벽에 걸어 놓았다.

이 보물지도를 사진 찍어 PC와 스마트폰 배경화면으로 저장해 수시로 들여다보며 꿈이 이뤄진 순간을 잠재의식 속에 각인시켰다.

아이들은 엄마가 이렇게 다양한 방법을 시도하는 것을 신기해하며 엄마 주변을 기웃거린다. 그러다 어느새 엄마의 열정에 전염되어 스펀지처럼 흡수해 그대로 따라 한다. 특히 잠들기 직전 꿈이 이뤄진 환희의 순간을 상상하면서 감정적인 흥분 상태를 각인시킨다. 이렇게 성공 장면을 상상하는 자기암시 기법은 큰 꿈을 이루기 위해서 적용할 수도 있고, 내일 당장 치러야 할 중요하고 떨리는 과제에도 쉽게 적용할 수 있다. 이것은 스스로에 대한, 꿈에 대한 열정을 지속하고 꿈을 좀 더 빨리 이루기 위해 활용할 수 있는 매우 효과적인 방법이다.

중요한 프레젠테이션이 있다면 발표를 완벽하게 마치고 우레와 같은 박수갈채를 받는 성공적인 순간을 생생하게 상상한다. 의사결정자들이 나의 보고를 경청한 후 얼굴에 환한 웃음을 짓는 세세한 표정과 발표 내용에 대한 찬사 등 내가 원하는 시나리오를 구체적으로 상상한다. 그러면 어느 순간 프레젠테이션이 떨리거나 부담스러운 일이 아니라 한바탕 즐길 수 있는 놀이처럼 생각된다. 몇 번이나 적용해 보았는데 정말 효과가 좋아서 아이들에게도 알려주고 싶었다. 중간고사나 기말고사와 같이 스트레스 받는 시험이 있으면, 시험을 잘 보고 너무 기뻐서 크게 웃거나 환호성을 지르는 장면, 친구들이 부러워하는 장면, 부모님께 칭찬을 받는 장면을 구체적으로 상상해보라고 조언했다. 아이들은 처음에 어색해했다.

하지만 상상하다보면 기분이 좋아져 공부로 지칠 때 적용하면 힘이 난다고 했다. 시험 결과가 좋게 나오는 장면을 상상하면 최선을 다해 공부하게 되고, 시험 치는 날이 빨리 왔으면 좋겠다는 생각이 든다고 했다.

세계적인 자기계발 전문가 웨인 다이어는《확신의 힘》에서 "소원이 이뤄질 때까지 걸리는 시간은 되고 싶은 존재가 이미 되었다는 느낌이 얼마나 자연스러운지에 비례한다."고 설명했다. 그래서 우리 셋은 "나는 이룬다! 내가 원하는 모든 것을 이뤘다. 나는 미래혁신 창업재단장이다! (아들은 1조원 CEO, 딸은 노벨문학상 수상자)"라고 외치며 생생한 설렘과 흥분으로 잠들고 있다. 마치 무슨 놀이라도 하듯.

나와 우리 아이들이 삶에 적용하고 있는 자기암시 기법은 실제로 수천 번의 낙하산 강하를 하는 공수부대원, 프로 골프선수, 스키선수, 자동차경주 선수, 양궁선수 등 스포츠 선수들의 집중력과 성과를 높이기 위해 사용되고 있는 과학적인 기법이다. 스티븐 스필버그 감독이 무명시절부터 사용했으며 박세리 선수도 사용해 명예의 전당에 입성했다. 타이거 우즈가 13번째 메이저 대회 우승의 영예를 안게 된 비결이기도 하다.

꿈은 가슴에 품고만 있기에는 그 온도가 너무 뜨겁기 때문에 온몸으로 실행하게 된다. 엄마가 꿈을 하나씩 이뤄가면 엄마의 꿈은 어느덧 아이들의 가슴으로 옮겨 붙는다. 다양하게 꿈을 실천하는 방법을 지켜보고 부모를 따라 하면서 아이들의 가슴에도 꿈의 불

꽃이 활활 타오르게 된다. 정말 좋은 꿈은 한 사람의 꿈으로 머물지 않고 열 사람 백 사람의 꿈을 자극시킨다. 그리고 꿈의 숲을 이룬다.

07

상상은
자유다

✦✦✦✦✦✦✦✦✦✦✦✦✦✦✦✦

"지금까지 우리가 받은 최고의 선물은 상상이다.
신비한 우리의 내면에는 모든 소원을 이룰 수 있는 능력이 있다.
이 상상에는 우리가 아는 한, 가장 위대한 힘이 들어 있다."
- 《확신의 힘》 웨인 다이어 -

상대성 이론으로 기존의 우주관을 완전히 바꿔버린 20세기 최고의 천재 과학자 알베르트 아인슈타인은 "논리는 우리를 A에서 B로 데려다준다. 하지만 상상은 우리를 어디로든 데려다준다. 상상은 지식보다 중요하다. 지식에는 한계가 있지만 상상은 온 세상을 끌어안는다."라고 말했다. 원하는 것을 무엇이든 상상할 수 있었던 아인슈타인은 상상력에 한계가 없다는 것을 몸소 실천하는 삶을 살았다. 신이 인간에게 준 최고의 선물인 '상상력'을 그가 완전하게 지배했기 때문에 과학자로서 노벨물리학상을 받는 최고의 영예와 명성을 누리며 자유로운 삶을 살 수 있었다. 꿈도 이와 같다. 얼마나 진짜처럼 상상할 수 있는지와 이를 지속적으로 반복해 이미 모두 이룬 것 같은 편안함을 느낄 수 있는가에 따라 실현 속도는 매우 다르다.

지금 내가 보고 느끼는 나의 모습은 과거 자신의 잠재의식 속 상상이 현실이 된 것이다.

지금의 현실은 과거 상상이 발현된 결과다. 상상력이야말로 꿈을 실행하는 진짜 능력이다. 나 역시 마찬가지다. 지금의 내 모습은 과거 내 상상에 근거하고 있다. 부모님은 나를 의대에 보내고 싶어하셨지만 나는 고등학교 3년 동안, 한 번도 의사가 되는 상상을 하지 않았다. 아니 몇 번은 어떤 기분인지 느껴보고 싶어 시도해보긴 했지만, 그 느낌이 너무 생소해 바로 중단했던 기억이 난다. 이후에 부모님은 의사가 싫으면 박사과정 교수가 되길 바라셨다. 하지만 나는 회사를 다니며 돈을 벌고 싶었다. 그래서 박사과정 면접을 보러 가던 날 학과 사무실 게시판의 신입사원 채용공고를 보고는 두 눈이 튀어나올 듯 흥분해 입사지원서를 받아 나왔다.

일상생활의 행동은 무수히 많은 무의식적인 선택에서 비롯된다. 그러니 내가 원하는 상황을 지속적으로 상상하며 자연스러운 느낌에 익숙해지자. 만약 이 행동을 반복하지 않으면 오랫동안 길들여진 잠재의식 때문에 이내 과거와 동일한 결과를 반복하게 된다. 오늘과 다른 내일을 원한다면 지금과는 다른, 내가 원하는 상황을 구체적으로 상상하고 나의 잠재의식 속에 각인시키자. 마치 내가 원하는 모습이 이미 이뤄진 것처럼 자연스러운 느낌이 들도록 프로그램시키자. 그러면 그 순간부터 나의 잠재의식은 새롭게 기록된, 내가 원하는 모습을 현실에 발현시키기 위해 정확하게 작동하기 시작한다.

네빌 고다드는 저서 《네빌 고다드의 부활》에서 "사물을 지금 있는 그대로의 모습으로 보는 것에서 벗어나 사물이 존재해야 하는 모습으로 마음속 시선을 옮기는 능력은 인류가 이룩한 가장 위대한 발명이다. 그것을 깨닫게 됐을 때, 우리 인간은 사건의 행로를 바꿀 수 있는 힘을 가진 주체로서 모습을 드러낸다."고 밝히고 있다.

상상은 신이 인간에게 부여한 아주 값진 선물이다. 인간이 상상력을 발휘하면 현실을 '창조'하는 존재가 되지만, 사용하지 않으면 현실을 '수용'하는 존재가 된다. 인간은 상상을 하고 살아갈 때 비로소 자신의 운명을 창조하는 주체로 살 수 있다. 미래는 인간의 능동적인 상상의 결과로 시간차를 두고 발현된다. 따라서 내가 원하는 꿈이 이미 이루어진 듯 생생한 감정을 느끼며 상상을 현실로 만들어 가는 사람은 운명의 지배자가 된다.

이것은 '내가 생각하는 대로 나의 미래를 창조한다.'는 심오하면서도 중요한 원리를 담고 있다.

이 비밀에 대해 네빌 고다드는 이렇게 말했다.

"이미 이루어진 것처럼 느껴라. 여러분 자신이 현재 어떠하다고 느끼면 그 상태 그대로 받는다. 그러니 소원한 것을 이미 가졌다면 느꼈을 법한 감정을 느껴라. 그러면 당신의 소원은 반드시 실현된다. 되고자 하는 사람이 되었다는 느낌 속에서 살면 그렇게 될 것이다."

그래서 나는 꿈을 통해 내가 원하는 미래를 설정하고, 새롭게 세팅한 잠재의식이 제대로 동작하는지 언제나 확인했다. 그리고 이렇게 얻게 된 노하우를 아이들에게도 알려주었다.

상상은 세상을 뒤집어 보는 비법이다.

"실직해서 기분이 좋지 않다." 또는 "악덕 상사 때문에 스트레스를 받는다."는 표현도 미래를 새롭게 만들어 가는 사람은 다르다. "예감이 좋으니 좋은 직장을 꼭 구한다." 또는 "업무를 꼼꼼하게 배우게 되니 상사에게 감사하다."로 둔갑하는 것이다.

실제로 우리 주위에 탁월한 성공을 거둔 사람을 보면 신이 주신 상상력을 발휘해 자신의 미래를 새롭게 써 나간 사람들이다.

나는 며칠 전 딸에게 이 방법을 알려주었다. 그날은 딸아이의 생일날이었다. 늦은 시간 퇴근해 보니 기대했던 것보다 생일날이 행복하지 않았다며 울상을 하고 있었다. 밤 11시 45분이었는데, 15분밖에 남지 않은 생일날이 얼마나 평범하기 짝이 없었는지 불평하며 침대에 누워 울고 있었다. 평소보다 퇴근이 늦은 나는 그나마 15분이라도 딸을 위로해줄 수 있어서 다행이라고 생각했다.

"채연아, 정말 기대를 많이 했는데 생각보다 생일날이 별거 없어서 슬펐구나. 엄마는 채연이의 마음을 충분히 이해할 수 있어. 어떤 것들이 그렇게 별로였어?"

딸은 본인의 마음에 들지 않았던 하루의 일상을 봇물 터지듯 시시콜콜 늘어놓았다.

"에구, 그랬구나. 정말 별로여서 건질 것이 없던 날이었네. 그런데 혹시 오늘 하루 중에서 생일이었기에 감사할 만한 것은 없었니? 단 몇 개라도 있지 않을까?"

딸은 불평을 이미 다 쏟아내서 마음이 후련해졌는지 오늘 하루 특별했던 일들에 대해 생각하기 시작했다. 그리고 생각보다 꽤 많은 것들을 떠올리며 얘기했다.

"채연아, 이제 생일이 딱 3분밖에 남지 않았네. 지금 엄마에게 얘기해 준 감사한 일들만 기억하고 아까 그 별로였던 일들은 쓰레기통에 확 버려버리자. 그러면 너의 열한 번째 생일은 정말 특별한 날로 기억이 되는 거야. 어때?"

딸은 미소를 지으며 그렇게 하자고 동의했다. 나와 딸은 별로였던 기억을 손으로 똘똘 뭉쳐 쓰레기통으로 던지는 시늉을 하며 한바탕 크게 웃었다.

"엄마, 정말 감사해요. 오늘 생일은 정말 특별한 날이 되었어요. 생각해보니 이렇게 감사한 일이 많았다는 걸 느끼지 못한 것이 이상할 정도예요."

딸은 어떤 상황이라도 본인의 의지에 따라 긍정적인 상황으로 생각만 바꾸면 된다는 것을 사례로 경험했다. 나는 딸에게 매일 밤 그랬던 것처럼 잠들기 전까지 꿈을 떠 올리며 행복하게 잠들라고 축복해 주었다. 그리고 꿈을 이룬 멋진 순간을 상상하며 잠들면, 잠재의식에게 내 꿈을 어떻게 이룰지 알아보라고 밤새 일을 시켜 놓는 것이라고 설명했다. 딸은 자신이 잠자는 동안에도 열심히 일하는 잠재의식에게 고맙다며 행복하게 잠들었다.

우리 모두 상황에 지배받는 종속자의 삶에서 벗어날 수 있다. 어떤 상황이라도 자신의 무한한 상상력으로 원하는 상황을 만들어낼 수 있는 특별한 능력을 사용하기만 하면 된다. 우리가 상상할 수 있는 능력만큼 그 꿈은 꼭 이뤄진다.

2장

엄마여서 더욱 외롭다면

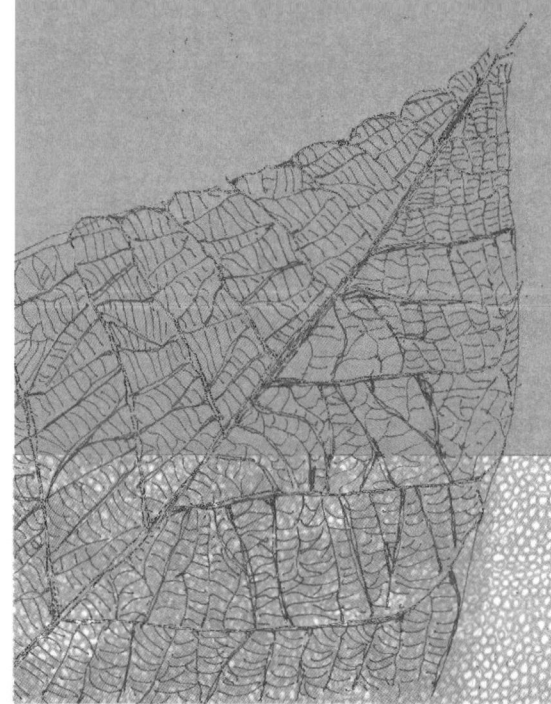

01

부모는 그냥
부모가 되면 된다

"우리나라 엄마들은 헌신적인 사랑은 있는데 지켜봐주는 사랑과 냉정한 사랑이 없어요. 이런 까닭에 자녀 교육에 대부분 실패합니다."

-《엄마수업》법륜스님 -

    몇 달 전, 중학생 아이들 여러 명이 내 앞에서 우르르 걷고 있었다. 한 아이는 짜증이 잔뜩 섞인 목소리로 누군가와 거칠게 통화 중이었다. 전화를 마치자 그 아이는, "아! 이 XXX이 자꾸 전화질이야."라며 입에 담지 못할 욕을 해댔다. '도대체 전화한 사람이 누구이기에 저렇게 거칠게 대하는 걸까' 궁금한 마음에 아이들과의 거리를 좁히며 귀를 기울였다.

    아이들의 대화를 엿듣던 나는 너무 놀라 숨이 멎는 줄 알았다. 아이가 그토록 거칠게 통화했던 상대는 다름 아닌 엄마였다. 그 아이는 자신의 엄마를 길거리의 쓰레기만도 못하게 취급을 하면서, 엄마에게 전화 와서 기분이 잡쳤다며 친구들과 함께 욕을 하고 있었다. 엄마라고 하면 사랑하는 부모로서 자신에게 무한한 사랑을 베풀고 희생과 헌신을 아끼지 않는 사람 아닌가. 도대체 아이에게 이런 대접을 받는 엄마는 어떤 사람인지 너무 측은해서 가슴이 쓰라렸다.

우리나라 엄마들은 아이의 성공이라면 모든 것을 내걸고 희생하는 것을 당연하게 생각한다. 그래서 아이를 위해서라면 무리한 빚을 내서라도 아이의 교육에 투자한다. 부모의 모든 것을 희생해도 아까워하지 않는 것이다. 외국의 교육 전문가들은 한국 엄마들의 이런 희생에 놀라면서 한편으로는 우려를 표하기도 한다. 아이가 성공적인 삶을 살기 위해 엄마의 역할이 중요한 것은 맞지만, '아이의 성공이 곧 엄마의 성공'이라고 믿는 것은 지나치다는 의견이다. 엄마도 한 인격체로서 분명 독립적인 삶이 존재하는데 아이의 인생을 위해 모든 것을 바치는 태도는 이해하기 어렵다는 것이다.

부모·자녀 관계 전문가인 최성애 박사는 자녀에게 올인하는 한국 엄마의 특성은 우리 사회의 독특한 '문화적 모성'이 가미되어 나타난 것이라고 했다.

"우리나라 여성은 가부장적인 조선시대에 들어서며 많은 권리가 사라졌습니다. 자기를 표현할 수 있는 사회적 기회도 그만큼 줄어들었죠. 하지만 집에서 아이를 키우는 일만큼은 실질적인 주도권을 쥐고 있었어요. 특히 아들이 커서 벼슬이라도 하게 되면 아버지 못지않은 대우를 받았습니다. 즉 '아이의 성공이 여자로서의 삶의 성공'이 된 것입니다."

현대를 살아가는 엄마들은 분명 자신을 위한 자아실현의 다양한 기회가 있다. 하지만 안타깝게도 자녀를 통한 자아실현은 조선시대 엄마들의 모습이 계승되고 있다.

엄마의 희생으로 전격적인 지원을 받고 있는 우리 아이들은 과연 행복할까? 2011년에 조사한 아이들의 행복지수는 65.98로 OECD 국가 중 2009년 이래 3년 연속 최저치를 기록했다. 보건복지부에서 발표한 자료에 의하면 청소년 자살 충동의 원인으로 가장 큰 것이 '학업 스트레스'라고 한다. 엄마는 아이의 성공을 위해 헌신한다고 생각하지만 아이들은 엄마의 모든 것을 건 맹목적인 희생과 열정에 숨통이 조이고 있는 것이다.

엄마는 아이에게 올인하기 전에 아이를 독립된 인격체로 존중하고 있는지, 아니면 아이를 나의 소유물로 생각하고 있는지 스스로에게 물어볼 필요가 있다. 엄마가 이루지 못한 꿈이나 남 보기에 좋아 보이는 허상을 대신 이뤄주는 희망으로 아이를 바라보고 있는 것은 아닌지 냉정하게 돌아야 한다. 아이들도 본능적인 촉이 있어서 엄마가 자신을 있는 그대로 바라보며 사랑을 부어주는지, 아니면 어떤 목적을 이루기 위한 수단으로 바라보는지 금방 알아차린다. 아이를 위한다는 명분으로 엄마의 욕심을 앞세우면 아이의 마음에 무거운 짐을 지우는 것과 같다. 이는 아이가 스스로 원하는 것을 탐색하는 과정을 방해한다.

연세대 소아정신과 신의진 교수는《나는 아이보다 나를 더 사랑한다》저서에서 부모가 희생자 모드로 빠지지 말 것을 당부하고 있다.

"많은 부모들이 아이를 위해 자신을 변화시키는 것을 자기희생이라고 여긴다. 부모 노릇의 힘겨움을 희생이라고 단정 짓는 것이다. 희생자 모드에 빠지면 부모 노릇은 온통 스트레스가 된다. 부모가 희생의 함정에 빠졌을 때 가장 큰 문제는 부모와 아이 모두 불행의 나락으로 빠진다는 데 있다. 행복해야 할 부모 노릇이 괴롭고 힘든 것은 물론이고, 부모는 아이에게 많은 것을 요구하게 된다.

희생이란 원래 제사에 제물로 바치는 짐승을 뜻한다. 부모가 아이를 위해 목숨을 잃어야 하는 짐승처럼 되었으니 아이에게 얼마나 많은 것을 바랄지는 보지 않아도 짐작할 수 있다.

엄마가 아이를 위해 쏟는 사랑과 배려는 아이를 소유한다는 개념을 갖는 순간 희생으로 변한다. 아이를 내 것이라 생각하는 순간 아이를 본인과 동일시 하며 아이의 성공을 곧 나의 성공으로 인식한다. 아이에게 쏟아부은 자신의 시간과 노력을 생각할 때 아이가 어떤 기대치를 만족시키지 못하면 희생은 의도했던 특별한 목적을 달성하지 못한다. 결국 그 허탈함은 아이를 닦달하는 것으로 표출되곤 한다. 아이가 결실을 맺지 못했을 때 자신의 인생이 망가진 것처럼 화가 나는 것이다.

오은영 박사는 《아이의 스트레스》에서 '부모는 단지 부모가 되어야 한다.'고 했다.

"아이에게 든든한 나무가 되어주는 것이 가장 중요한 일이다. 아이에게 너무 많은 것을 해주려고도 말고, 너무 많은 역할을 하려고 들지도 마라. 아이가 너무 많은 것을 이루기를 바라지도 말고, 부모라는 이름으로 아이 위에 서려고도 마라. 부모는 그냥 부모가 되면 된다. 단지 부모 역할만 충실히 하는 사람이 되라."

아이가 요구하지 않은 희생과 이 희생에 대한 대가를 엄마 혼자 설정해 놓고, 아이를 무조건 몰고 가면 반응은 두 가지 중 하나다. 엄마에게 반항심을 갖고 강력하게 저항하거나, 인생의 목적을 설정하는 자기주도성을 잃어버리고 엄마에게 순종해버리는 것이다. 정말 아이를 위해서 무엇인가를 해주고 싶다면 엄마의 욕심을 버리고 아이가 행복하기 바라는 순수한 마음에서 사랑과 정성을 다해야 한다. 마더 테레사 수녀는 약자를 위해 헌신한 대표적인 분이다. 그녀는 누군가를 도울 때 어떠한 대가도 바라지 않았다. 그렇기에 그녀의 삶은 헌신이라는 이름으로 빛을 발할 수 있었다.

정말 아이에게 무언가 해주고 싶다면 아무 조건 없는 헌신을 하자.

만약 엄마 스스로 인생 경로를 설정하지 않고 아이의 삶과 엄마의 삶을 동일시하면, 아이는 주체성을 찾고 자존감을 세울 수 있는 소중한 기회를 잃어버릴 것이다.

이제 아이에게 무조건 돌진하기 전에 엄마의 가슴에 있는 선명하게 두근거리는 꿈을 보여주자. 엄마 자신의 꿈을 향해 매일 행복하게 정진하는 모습을 보여주는 것이야말로 가장 영향력 있는 자녀교육 방법이다. 내 경험으로 비춰볼 때, 대부분의 아이들 모두 생활 전반의 태도가 바뀔 것이라 확신한다. 우리 아이들의 엉망이었던 성적에 일어난 커다란 변화를 생각해 보면 다른 아이들이라고 못할 일이 아닌 것 같다.

  중요한 것은 이것이다. 꿈을 찾아가는 길에서 아이와 내가 누리는 동지애, 그리고 내 꿈을 좇는 모습이 아이에게 분명한 도움이 된다는 사실. 그것만으로도 엄마인 우리는 성취감과 행복을 느끼게 된다.

02
가족이 곁에 있어도
엄마는 외롭다

"세상에는 여러 가지 기쁨이 있지만 그 가운데 가장 빛나는 기쁨은 어머니의 웃음이다."
— 스위스 교육자이자 사상가 요한 하인리히 페스탈로치 —

집필을 하며 자료를 찾던 중 인터넷에 올라온 한 여학생의 고민 속에서 외로운 엄마들의 단상을 엿볼 수 있었다.

"저희 엄마가 지금 사십대 중반이신데 갱년기 때문에 우울증을 겪고 계세요. 오빠는 매일 노느라 밤늦게 들어오고 학교도 다니는 둥 마는 둥 집에선 게임만 해요. 아빠는 회사 일 때문에 주말에도 얼굴 볼 시간이 별로 없어요. 저는 매일 방에서 핸드폰만 하고 엄마가 부르면 짜증만 내고, 엄마가 같이 어디 가자고 해도 싫다고 하고 친구들만 만나고 다녔거든요. 그래서 지금 엄마가 우울증이 생기셨는데, 오늘 엄청 많이 우시고 소리 지르시는 걸 보고 그제야

아차 싶었어요. 옛날에는 가족끼리 있는 시간이 많고 얘기도 많이 하고 그랬는데 요즘은 대화가 집에서 사라졌어요. 엄마가 맨날 엄마 친구 딸은 이렇다 말하고, 엄마의 소원은 딸과 친구처럼 지내는 거라고, 제발 같이 대화 좀 하자고 해도 제가 매일 짜증만 냈거든요. 오늘은 제 방에 오셔서 지금의 우리들은 가족이 아니라며 자기가 필요할 때만 찾는 건 더 싫다고 울면서 말하셨어요. 그래서 엄마 기분 풀어 드리려고 하는데, 엄마가 어떻게 하면 기분이 좋아지실까요? 엄마 기분 좋게 해드리는 법 좀 알려주세요."

평상시 가정이 평화롭게 돌아가는 것처럼 보인다면 그것은 엄마의 희생이 다른 가족들의 욕심을 채워주었기 때문이다. 남편의 직장은 소중하고 아내의 직장은 가족이 불편한 수준을 넘지 않을 경우에만 허용이 되기 일쑤다. 엄마의 수입이 가족의 불편함을 상쇄하고 남을 정도가 되지 않으면 엄마의 직장은 언제나 가족 논쟁의 도마 위에 오른다. 아이들 공부는 항상 집안의 최우선 과제다. 엄마는 직장에 다니면서도 아이들 준비물과 숙제를 챙기고 학급 행사에 빠지지 말아야 한다. 또한 복잡한 최신 입시정보에 능통한 팔방미인이어야 한다. 가족의 이러한 이기적인 요구를 자세히 뜯어보면 엄마나 아내가 없더라도 본인 스스로 할 수 있는 것들이 대부분이다. 가족은 엄마가 꿈이나 직장을 희생하며 가족에게 편의를 제공하는 것에 감사하기보다 엄마나 아내로서 당연히 해야 할 역할을 하는 것으로 여긴다. 결국 자기들이 좀 더 편하겠다는 이기심으로 가족의 한 구성원인 엄마 또는 아내에게 희생을 요구한다. 엄마가 꿈을 좇거나 직장을 다니느라 가족에게 제때 맞는 편의를 제공하지 못하면 좋은 엄마나 좋은 아내가 아니라는 비난을 감수해야 한다.

나를 위하면 이기적인 것이 되고, 가족을 위하면 당연한 것이 되는 사회적 구조에 갇혀버린 우리들은 내면의 꿈을 억누르며 속으로 눈물을 흘리고 있다. 엄마나 아내이기 전에 한 인간으로서 능력을 발휘하고 싶다는 희망은 점점 현실 속에 묻히게 된다. 엄마가 되면 본인의 삶을 살 수 없다는 불안과 두려움은 산전우울증이나 출산 우울증으로 나타나고 가족의 이기심에 휘둘린 후에 남겨진 허망함은 갱년기 우울증으로 표현된다.

그래서 가족이 옆에 있어도 엄마는 외롭다.

지금의 나를 보면 아이들과 꿈을 찾은 매우 행복한 사람으로만 보일 것이다. 하지만 처음 꿈을 찾겠노라 다짐했을 때의 상황은 그리 좋지 않았다. 우선 일하는 엄마인 내가 집에 없었기 때문에 아이들은 집안에서 어떻게 생활해야 하는지 전혀 알지 못했다. 아무런 동기부여도 없고 또 그렇다고 성적을 늘상 체크하는 것도 아니었으며 하루 종일 게임에 매달려 있어도 누가 뭐라 할 사람이 없었다. 그러니 아이들에게 다가가 꿈을 전도하는 것은 먹히지 않을 일이 분명했다. 천만다행으로 나는 오직 나 자신에게 집중하면서 필사적으로 내 꿈에 몰입하는 모습을 보였던 것이 좋은 결과를 냈으니 감사할 따름이다. 내가 붙여 놓은 꿈의 신전 덕분에 아이들이 스스로 다가와 '이게 뭐예요?'라는 질문을 하게 되었고, 그렇게 물어오는 아이들에게 초롱초롱 맑은 에너지로 내 꿈을 이야기할 수 있었다. 그리고 그 기회를 포착해 '너는 하고 싶은 게 뭐니? 왜 그걸 하고 싶니? 내가 보기에 너는 이걸 좋아하는 것 같은데 너는 어떻게 생각하니?'라며 물을 수 있었다. 결과적으로 우리 부부가 10년을 공들여도 소용없었던 공부를 스스로 하게 만들었으니 이런 경사가 없다. 하지만 남편의 경우는 전혀 달랐다.

남편은 아들 둘 있는 가정의 둘째로 자랐다. 전문직 자격증을 딴 이후로 삶이 여유로운 직장에 다니며 모든 드라마와 새로운 뉴스를 꽤 차고 있는 그런 사람이다. 다정다감하고 자상한 면이 있어서 아이들을 정말 좋아하고, 정리정돈 하는 것을 즐기며, 한 푼이라도 아껴 쓰는 성실한 사람이다. 그런데 어느 날 아내라는 여자가 덜컥 '꿈'이라는 이상한 것에 빠진 것이다.

'당신은 꿈이 있어? 나 꿈을 찾아야 해! 나에게 꿈이 없었어.'부터 '여보 꿈을 가져야 해 꿈은 이렇게 설정하는 거야.' 등 마치 사이비 종교에 빠져 뭐에 씌인 사람 같아진 것이다.

남편은 회사와 집안이라는 현실에 완전히 발을 붙이고 사는 존재다. 그런 가장의 눈에 꿈 타령하는 아내가 좋아보일 리 없었다. 책임감이 강하고 가정을 주도적으로 이끌어 가는 가장이라 더했다. 하루는 퇴근해 집에 와보니 내가 꿈을 탐색한다고 사 놓은 책들을 중고서점에 몽땅 팔아버리겠다며 정리하고 있었다. 너무 화가 나 방방 뜨는 내게 남편은, '도대체 다 똑같은 이런 책을 왜 굳이 사보는 건데? 이런 쓸 데 없는 책들을 정 보고 싶으면 도서관에서 빌려보면 되지. 굳이 돈 아깝게 사서 읽는 이유가 뭐냐고!'라며 오히려 더 큰 소리로 나무랐다. 남편과 큰 소리를 내며 싸우는 일이 거의 없었는데 내가 꿈을 찾겠다고 나서자 조용할 날이 없어진 것이다. 한번은 아이들을 태우고 가는 차 안에서 어찌나 크게 싸웠는지 모른다. 남편은 지금까지 단 한 번도 보지 못했던 무서운 표정을 하면서 이렇게 으름장을 놓았다.

"당신 한 번만 더 꿈 소리 하기만 해봐. 내가 가만히 안 둘 거야. 꿈? 그게 뭔데? 그래 꿈 없는 사람은 뭐 사람도 아니다 그거야? 그래! 나 꿈 없다! 어쩔래?"

난 그 뒤로 남편과 내가 다름을, 그리고 남편에게도 시간이 필요할지 모른다고 생각하게 되었다. 아이들이 관심을 먼저 보였던 것처럼 남편이 자연스럽게 다가오길 기다리기로 했다.

참 다행인 것은 남편을 변화시킨 것은 결국 내가 아니라 아이들이었다는 점이다.

평소 성적이 좋지 않았던, 아니 거의 개판 직전이라고 해도 좋을 법한 우리 아이들이 자신의 꿈을 찾으려 노력하고 꿈을 이루는 과정에 꼭 필요하다며 스스로 공부하는 모습에 꿈의 가치를 인정하게 된 것이다. 사실 지금도 남편은 나와 아이들이 함께 하는 '꿈의 여정'에 적극적으로 참여하진 않는다. 하지만 은근한 지원자로 발 벗고 나서고 있다. 주말에 내가 세미나에 참여하거나 꿈과 연관 있는 일로 바빠 집에 없는 날이면 아이들에게 이렇게 얘기 한다고 한다.

"엄마는 앞으로 엄마의 꿈을 이뤄 굉장히 유명한 사람이 될 거야. 그러니까 우리끼리 저녁을 먹는 것도 엄마를 지원하는 일이나 다름없어. 엄마 참 멋있지?"

이렇게 아이들에게 내 칭찬을 하더란다.

"엄마! 아빠가 참 많이 변했다! 그죠?"

딸아이가 웃으며 전해 왔다.

남편도 내가 주중 일부 저녁시간과 주말 중 하루는 나의 꿈을 위해 완전히 몰입하는 것 때문에 여러 가지 불편한 점이 많을 것이다. 하지만 내 책상 위에 붙어 있는 '꿈의 신전'과 옷장 위에 걸려 있는 '보물지도', 알람 소리로 녹음한 '비전 선언문' 등을 통해 꿈에 대한 나의 신념이 얼마나 확고한지 충분히 알고 있다. 그래서 정말 감사하게도 '네가 좋아하는 일이라면 열심히 해서 꼭 이루길 바란다.'며 진심으로 응원해주고 있다.

한 지붕 밑에서 같이 잠을 자고 한솥밥을 먹고 산다고 가족이 되는 것은 아니다. 서로에게 관심과 애정을 표현하고 힘과 위로가 되어주는 진심을 나눌 때 진정한 가족이라 할 수 있다. 언젠가부터 대부분의 우리 엄마들은 가족과의 대화에서 단절되었다. 힘들고 버거운 공부에 스트레스를 받는 아이들은 학교에 다녀오면 자기 방문을 꼭꼭 닫아걸고는 밖으로 나오지 않는다. 그러다 보니 아이들과 종종 마주 앉아 있더라도 '학원에 늦지 마라. 숙제해라. 밥 골고루 먹어라. 차 조심해라.' 등 아이들이 지겨워하는 잔소리 외에는 무슨 말을 해야 할지 당황스러울 때가 많다. 남편은 점차 위태로워지는 직장 생활에 찌들어 집에 오면 입을 굳게 닫는다. 딱히 남편과 할 얘기가 없어 하릴없이 자식 걱정과 돈 타령만 늘어놓는 아내를 두고 남편은 묵묵무언으로 자리에서 일어난다. 이런 생활이 반복되면 아이들과 남편이 낯설게 느껴지고 엄마는 가족이 곁에 있어도 혼자라는 생각이 든다.

2012년 11월에 취업 포털 커리어가 445명을 대상으로 조사한 결과에 따르면 가족과 대화를 나누는 시간이 하루 평균 30분이 채 되지 않았다. 대화 시간이 10분 미만이라는 답변도 무려 31.5%에 달했다. 이 정도이면 가족이라는 말이 무색할 정도다.

한국갤럽이 초·중·고등학교 재학생 자녀를 둔 부모 800명을 대상으로 실시한 조사 결과에 따르면, 자녀의 학년이 높을수록 가족이 함께 하는 시간은 더 적은 것으로 나타났다. 가족끼리 모여 식사를 하더라도 대화를 나누는 가정은 27.5%에 불과했다. 가족 간 대화가 없는 이유는 '공통의 주제가 없어서(40%)'가 가장 많았으며, '식사하면서 TV를 보기 때문에(32.7%)', '무슨 말을 해야 할지 몰라서(10.9%)' 등의 순이었다. 많은 가족이 몸은 '함께 있지만 생각은 따로'인 생활이 오래되면서 '대화 불능' 상태로 전락하는 경우가 많아지고 있다. 그 소통의 부재는 관심 부족과 오해, 갈등으로 이어지고 아이들의 사회적 범죄로까지 증폭되고 있다. 이런 이유로 가정은 물론 사회 전체가 각박해져 가는 것이다.

지난 2013년 10월, 여성가족부가 주최하고 앱 센터가 주관하는

'여성 청소년 가족 행복 모바일 앱 개발대회'에 심사위원으로 참여했다. 여성, 청소년, 가족 행복 증진에 실질적으로 도움이 되는 아이디어를 발굴하고 이를 모바일 앱으로 개발하자는 목표로 진행된 행사였다. 다양한 분야에서 가정의 행복을 위한 참신한 아이디어들이 제안되었지만 그 중에서도 특히 가족 간의 소통을 장려하는 모바일 앱들이 눈에 띄었다.

하루 종일 스마트폰을 접속하는 아이들은 또래 친구들과 연결된 모바일 메신저에 부모가 포함되는 것을 극구 꺼린다. 그래서 가족 간 재미있는 모바일 게임으로 공동의 과제를 만들어 주고 가족이 서로 도와 해결할 경우, 포인트를 올려주는 가족용 소셜 게임이 제안되기도 했다. 아이들이 엄마와 모바일 메신저로 소통을 많이 하면 부모가 용돈으로 보상해 주는 용돈 앱이 제안되기도 했다. 또 모바일 앱 소통 경쟁을 하고 가장 많은 대화를 나눈 가정에 다양한 지역 서비스 혜택을 제공하자는 아이디어도 있었다.

이렇게 가족 간 소통을 활성화 시키는 영역에서 많은 아이디어들이 제안되었다는 것은 아이러니하다. 대화 단절의 주범인 스마트폰의 힘을 빌려 가족과 대화 창구를 마련해야 할 처지니 말이다. 분명한 것은 그래도 엄마는 외롭다는 사실이다. 모든 것을 희생하고 자신에게 아무것도 남겨 놓지 않은 껍데기뿐인 엄마의 삶은 가족 전체를 불행하게 만들 것이 뻔하다.

이제 우리 스스로 나서야겠다. 엄마인 자신이 누구보다 먼저 본인을 사랑하고 스스로 행복을 챙기자. 사실 엄마가 행복해야 가족에게도 그 행복이 흘러 들어갈 수 있다.

가족의 구성원 모두가 스스로 할 수 있는 일들을 자립적으로 해결하고, 엄마는 본인의 삶을 열정적으로 살아갈 때 가족 전체의 행복 지수가 올라가게 된다. 엄마에게도 엄마의 삶이 있으므로 끝없이 쏟아지는 가족의 요구를 모두 들어줄 수 없다는 것을 가족에게 선포하자. 그것도 매우 당당하게. 주변 사람들을 편하게 해주기 위해 자신의 불편함을 지속적으로 감수한다면 가족과 세상은 엄마에게 희생을 계속 요구할 것이다.

이제 엄마인 우리의 꿈을 희생하지 말자. 오히려 열정적으로 꿈을 찾고 하고 싶은 일을 하는 이기적인 엄마가 되자. 엄마도 자신을 사랑하는 모습을 보여주자.

꿈으로 밝게 빛나는 엄마의 얼굴과 긍정적인 삶의 태도는 뿔뿔이 흩어져 있는 가족을 다시 모으는 행복의 근원이 될 것임을 굳게 믿으면서.

03

등장만으로
환호를 부르는 엄마의 '눈빛'

❖❖❖❖❖❖❖❖❖❖❖❖❖❖❖❖❖❖

"꿈이 없는 사람은 깊은 밤, 등대 없는 바다 한가운데서 표류하는 것과 같다.
꿈을 꾸는 사람은 왜 사는지 알고 있는 행복한 사람이다."
-《돌멩이가 있는 이유》김태광 작가 -

성공한 사람의 외모에 공통점이 있다면 무엇일까? 긍정적인 생각을 많이 하고 본인이 이룬 성과에 대한 만족감으로 열정에 걸맞는 밝은 모습을 하고 있다는 점이 아닐까.

그중에서도 특히 인상적인 것은 그들의 반짝반짝 빛나는 강렬한 눈빛일 것이다.

나는 2005년에 GE 회장인 잭 웰치의 강연을 직접 들을 수 있었다. 내가 MBA 공부하던 학교에 리더십 강연을 하러 오셨는데, 이 기회가 아니면 언제 들을 수 있을까 싶어 설레는 마음으로 강연장에 갔다. 다행히 맨 앞자리에서 그분의 강연을 들을 수 있었다. 엄청난 박수갈채를 받으며 등장한 그분을 떠올리면 유달리 반짝거리던 눈빛이 생생하게 기억난다. 직접 뵈니 생각보다 연로하다는 느낌도 들었지만, 강연 내내 파란색 빛을 강렬하게 발산하던 눈동자는 아직도 기억에 남을 만큼 인상적이었다.

성공한 사람들이 그렇게 반짝거리는 강렬한 눈빛을 가질 수 있는 이유가 무엇일지 생각해 보았다.

첫째는 일생동안 열정을 바쳐 이루고 싶은 꿈을 찾았기 때문일 것이다. 그러니 그리 밝은 기운이 마구 솟구칠 것이다.

둘째는 앞으로 어디로 가야 할지 인생의 큰 방향이 정립되어 기대감으로 마음이 편안한 상태이기 때문일 것이다.

셋째는 꿈이 실현되면 사회에 좋은 영향을 미칠 수 있다는 이타적인 희망을 가진 사랑 넘치는 사람이기 때문일 것이다.

꿈을 가졌다는 것은 인생의 과녁을 정한 것과 같다. 남은 것은 현재 위치에서 그 과녁을 더 빨리, 더 정확하게, 어떤 방법으로 명중시킬 것인가에 대한 실행 고민이다.

'얼굴은 마음의 거울'이라는 속담이 있다. 평소 자신의 마음가짐은 얼굴에 그대로 나타난다. 마음에 진정한 평안과 기쁨을 가진 사람은 표정에 나타나고 말과 행동에도 나타난다. 누구나 얼굴 표정에서 여유로운 향기가 흘러넘치는 사람에게는 한 걸음이라도 가까이 다가가고 싶은 매력을 느낀다.

그렇게 사람의 얼굴에는 지나온 삶의 흔적이 담겨 있다. 관상(觀相)은 단순히 얼굴 모습뿐 아니라 이면에 감춰진 코드를 찾아내고 해석하는 것이다. 굳이 관상을 모르더라도 얼굴만 보고도 그 사람에 대한 전체적인 분위기는 파악된다.

성공하는 사람은 분명 눈빛부터 다르다. 눈은 '정신의 창'이다.

태권도나 유도 같은 스포츠에서 상대와 맞붙기 전 눈빛의 기 싸움으로 상대를 제압하는 경우와 같다. 겁먹은 사람의 눈빛은 불안정하게 좌우로 흔들리게 되어 있다. 투혼이 살아 있는 사람은 상대의 눈을 끝까지 응시하며 대응하기 때문에 시합 전 눈싸움만으로 '기선'을 제압한다. 성공하는 사람이라면 자신감에서 흘러나온 도도하면서 자신감이 넘치는, 빛나는 눈빛을 갖고 있을 수밖에 없다.

다행인 것은 사람의 눈빛도 변화가 가능하다는 사실이다. 크지 않은 성과라도 성공의 경험을 반복하다보면 패기 넘치는 눈빛으로 이내 변하고 만다. 또한 주변의 인정은 눈동자에서 강렬한 힘이 나오게 만드는 데 한 몫 할 것이다. 아이의 경우도 동일하다고 생각된다.

성적이 나쁘거나 자존감이 떨어졌을 때는 다른 사람과 눈을 마주치지 못한다. 그만큼 불안한 눈빛을 가지고 있다는 뜻이다. 그러나 부모와 애착 관계가 잘 형성된 아이는 비록 당장성적이 좋지 않더라도 자신감 넘치는 눈빛으로 상대를 응시한다. 특히 본인이 좋아하는 것에 푹 빠져 있거나 장래에 하고 싶은 일이 뚜렷하고 이와 관련된 명확한 목표를 설정한 아이들은 눈빛부터 다르다.

날카로운 매의 눈빛으로 유명한 최경주 선수는 인터뷰에서 "웬만한 사람들은 제 눈빛만 쳐다봐도 기가 질린다고 합니다. 고등학교 때 서울에 올라와 명동 거리에 나갔는데 아무도 나를 건

드리지 못했어요. 주먹깨나 쓰는 건달이 많았지만 나한테는 범접하지 못했습니다."라고 했다. 실제로 96년에 최경주 선수를 발탁해 지원했던 슈페리어 김귀열 회장은 '골프선수에게 가장 중요한 게 파워인데 그의 눈매에 기가 살아 있었다.'라며 발탁한 이유를 설명했다.

얼굴을 통해 드러나는 '표정 자산' 관리만 잘해도 스쳐 지나갈 수 있는 성공 기회를 움켜쥘 수 있다는 뜻이다.

자! 그럼 우리 아줌마 군단 모두 이렇게 해보면 어떨까?

우선 거울 앞에 앉아보자. 그리고 자신의 꿈과 동일한 목표를 이룬 그 누군가의 얼굴표정을 유심히 들여다보자. 그 사람의 표정과 자신의 표정이 닮아 갈 수 있게 꾸준한 연습을 시작해 보는 것이다. 분명 긍정적인 기운으로 꿈에 한발 더 다가갈 수 있는 더 많은 기회가 내 뒤를 뒤따를 것이다. 언제나 성공을 향해 질주하는 사람들은 그와 유사한 다른 사람 주변으로 모이게 마련이니까.

지금까지 흐릿한 눈빛과 무표정한 얼굴로 아침저녁 아이와 남편을 바라보지는 않았는지 한번 생각해보자. 만약 물음에 자신이 없다면 지금 당장 표정과 눈빛, 그리고 마음으로 웃는 연습을 시작해보자. 아무리 어린 자녀라도 긍정적인 기운과 눈빛을 뿜어내는 엄마의 느낌을 알고 있으니 말이다. 내가 즐겨 썼던 방법을 한 가지 공유하면, 나는 휴대폰 카메라로 수시로 내 얼굴을 찍었다. 물론 사람들이 옆에 있으면 뭐하는 짓이냐는 눈초리를 피할 수 없겠지만, 어떤 각도에서 조명을 더 잘 받고 예쁘게 나오는지 체크하며 자연스럽게 밝은 표정을 연출해 보곤 했다.

　엄마의 표정이 밝으면 아이들 기분은 덩달아 좋아진다. 반짝반짝 빛나는 희망적인 눈빛으로 아이들과 눈높이를 맞추고 환한 미소와 함께 풍성한 리액션을 곁들여주면, 아이들은 어느새 엄마의 표정을 닮아 가게 된다. 퇴근길에 아무리 피곤하더라도 집으로 올라가는 엘리베이터 거울 앞에서 다양한 포즈로 반짝이는 눈빛과 활짝 웃는 모습을 연습해보는 건 어떨까. 하나, 둘, 셋. 현관문을 들어서기 전 심호흡도 한번 해보자.

　그리고, 짜잔!

　환한 표정으로 활짝 웃고 있는 엄마의 등장이다. 분명 며칠 지나지 않아 현관문 달깍 소리만으로 뛰어나오는 아이, 아니 남편이 될지 모를 일이다.

04

평생 가져갈
즐거운 습관

"나는 세상을 강자와 약자, 성공과 실패로 나누지 않는다. 나는 세상을 배우는 자와 배우지 않는 자로 나눈다."
―사회학자 벤자민 바버―

평소 아이의 생활 태도는 부모의 생활 습관이 반영된 거울이다. 부모가 집에서 텔레비전이나 보면서 책은 손에도 대지 않는다면 아이들 역시 책과 공부에서 멀어지게 된다.

단국대 이해명 교수의 《자녀 성공의 key는 아버지가 쥐고 있다》라는 책에서 이를 입증하고 있다. 내용은 이렇다. '공부 잘하는 아이를 둔 가정은 가족 모두가 부지런하고 규칙적인 생활을 한다. 텔레비전 시청보다는 독서와 토론을 즐기고, 자녀의 학업 외에도 관심을 기울여 적절한 도움을 준다. 또한 정확한 언어를 사용하고 문화 활동을 즐긴다.'

이런 가정환경을 조성하면 공부하라고 윽박지르지 않아도 자연스럽게 공부에 관심을 갖게 된다는 것이다. 이 내용과 같은 경험이 나에게도 있었다. 둘째 아이를 임신한 막달에 회사에서 지원하는 해외 MBA 대상자로 선발되었을 때의 일이다. 사실 마냥 기뻐할 노릇만은 아니었다. 1년 내에 상위 30위권 MBA 학교로부터 입학 허가를 받아야 하는 절박한 상황에 처했기 때문이다. 당시 내게 주어진 절체 절명의 이유 때문에 둘째 출산 후 매일 새벽 4시에 일어나 영어 공부를 해야 했다. 다행인 것은 그 당시 미션이 지금까지 나의 습관으로 자리 잡혔다는 점이다. 최근에는 아예 거실로 식탁을 옮겨 놓고 책을 읽거나 글을 쓰게 되었다. 그랬더니 이내 아이들이 엄마 주변을 이리저리 기웃거리다 본인이 관심 있는 책이나 숙제를 들고 와서 엄마 옆에 앉는 것이었다. 공부하다가 풀리지 않는 문제를 질문할 수 있으니 자연스럽게 가족 공동의 학습 공간이 되어 준 셈이다. 분명 아이들은 부모가 하는 것은 무엇이든 따라 하려는 경향을 갖고 있다. 부모가 배움을 게을리하지 않으면 아이들도 부모의 어깨너머로 배우는 것의 즐거움을 간접 경험하며 호기심과 긍정적인 정서를 갖게 된다. 결국 결론은 이렇다.

공부 잘하는 아이로 키우고 싶다면 엄마 스스로 세상에 관심을 갖고 전문 분야를 설정해 지속적으로 공부하는 모범을 보여주면 된다. 부모의 모습을 통해서 아이들은 '배움은 평생 가져갈 즐거운 습관'이라는 인식을 형성한 것이다. 배움을 통해 성장하는 것을 즐길 줄 아는 아이로 키우면 시험성적만 올리기 위해 공부하는 것이 아니라 평생을 스스로 학습하는 아이로 자라게 된다.

유대인 연구가 홍익희 작가는 《유대인 창의성의 비밀》에서 '평생 공부하는 부모' 밑에서 '평생 공부하는 유대인'이 길러진다고 설명했다. 유대교에는 아담과 이브가 에덴동산에서 선악과를 따 먹어 생긴 원죄 사상이 없다. 아담과 이브가 하느님께 불순종한 것은 인정하지만 이는 이미 과거에 발생한 일이기 때문이다. 유대인은 과거에 얽매이지 않는다. 유대인에게 죄가 되는 것은 현재에 충실한 삶을 살지 않는 것이다. 하느님이 인간에게 주신 달란트(Talent)를 찾아내 오늘 하루의 모든 노력을 다하고 그것을 키워내지 않는 '무능력'이야말로 가장 큰 죄라고 생각한다. 유대인은 자신의 달란트를 발굴하고 배움을 통해 이를 개발하는 것을 으뜸으로 여긴다. 그래서 유대인 가정의 거실에는 TV가 없다고 한다. 자연스럽게 거실에서 독서하는 분위기가 조성되고 이것은 부모와 자녀의 대화로 이어진다. 유대인 부모가 아이와 토론이 가능한 이유는 아이를 부모의 종속물로 보지 않기 때문이다. 유대교는 자녀의 근본 소유권은 하느님께 있고, 13살 성인식 때까지만 부모에게 맡긴 것이라고 가르친다. 부모는 아이를 동등한 인격체로 생각하기 때문에 대화가 가능하다.

특히 안식일에는 회당에 나가는 것을 제외한 일체의 외출을 삼가고 온 가족이 모여 독서와 대화를 하는 전통이 있다. 이것이 유대인 가정에 독서와 토론이 생활화된 이유다. 우리나라도 공부에 대한 열정만큼은 세계에서 둘째라면 서러운 나라다. 유대인과의 차이점이라면 공부의 목적에 있다. 우리는 어떤 목표를 달성하기 위한 수단으로 공부를 한다. 좋은 대학에 들어가기 위해서, 또는 좋은 직장을 얻기 위해서, 제한된 자리를 놓고 남들과 경쟁해서 이기고 출세하기 위해 공부를 한다. 일단 그 목표가 달성되고 나면 '공부나 독서를 통한 지속적인 배움'은 우리의 삶과는 점차 거리가 멀어져 간다. 유대인은 평생을 통해 배우고 발전하는 것이야말로 신께 드릴 수 있는 최고의 기도라고 생각한다. '배움'은 유대인이 이 땅에 태어난 소명을 이루기 위해 필수적으로 거쳐야 하는 성장 과정인 것이다. 아무리 지혜로운 유대인이라도 배움을 중단할 수 없다. 배우기를 멈춘다는 것은 하느님의 빛을 전달하는 그들의 소명대로 살고 있지 않다는 것을 의미한다. 유대교를 통해 평생 배움의 자세를 계승한 유대인들 중 세계적인 석학, 노벨상 수상자, 최고의 부호가 쏟아져 나오는 것은 당연한 결과라고 생각한다.

나는 왜 유대인의 자녀교육을 다른 민족들이 쉽게 따라 할 수 없는지 그 이유를 명확하게 깨달았다. 유대인들은 대를 이은 배움을 통해 끊임없이 성장하는 엄청난 민족 자산을 축적해 놓았으며 지금도 이를 계속 쌓아 가고 있기 때문이다. 꾸준한 배움을 통해 쌓아 놓은 숙성된 지혜의 농도와 속도를 하루아침에 따라가는 것은 거의 불가능하다.

이제 부모는 아이의 마음속에 '공부는 언제까지 무엇을 이루기 위해 헤치워야 하는 고통스러운 것'이라는 생각을 없애줘야 한다. 그 대신 어제보다는 오늘, 오늘보다는 내일 조금씩 발전하고 성장하는 즐겁고 신나는 과정이라고 인식시켜야 한다. 시험공부를 열심히 했는데 100점이 아닌 90점을 맞으면 틀린 10점에 집중하지 말고, 90점에 초점을 맞추고 그 노력에 대한 칭찬을 해야 한다. 부모가 시험 성적에만 집착하면 아이들은 시험 결과로 모든 승패가 결정 난다는 두려움을 갖게 된다. 그러니 시험 성적만 잘 나오면 아무래도 상관없다는 단기적인 마인드로 공부를 하게 될 것이 뻔하다. 영양가 있는 맛있는 음식을 섭취하면 건강한 몸이 만들어지듯, 공부도 두뇌에 자양분을 공급해 지속적으로 성장해 가는 즐거운 과정이다. 음식을 섭취하지 않으면 살아남을 수 없듯, 공부도 평생 동안 지속해야 하는 필수적인 활동이라는 것을 아이들이 깨닫도록 부모가 도와주자.

자신이 이미 좋은 학벌을 갖고 있든, 사회적으로 어느 정도의 지위에 올랐든, 아이를 가진 부모는 절대 꿈을 향한 정진을 멈추어서는 안 된다. 꿈은 평생을 거쳐 키워야 하며 죽는 그날까지 좋아야 하는 것이기 때문이다. 자신의 꿈을 계속 업그레이드하는 부모, 오늘보다 더 나은 내일을 향해 즐겁게 정진하는 모습을 보여주는 엄마야말로 최고의 교육자다. 그렇게 나 자신의 꿈과 아이의 꿈이 함께 어우러져 성장해 갈 때 서로의 꿈을 지지하고 응원해주는 '꿈 동지'이자 삶의 동반자가 될 수 있다.

05

명령자에서
조력자가 되는 길

*"자녀가 성장하면 부모는 양육자가 아닌 상담자가 되어야 합니다.
상담자란 함께 가면서 그 사람의 그림자를 읽어주는 사람입니다"
- '부모가 알아야 할 더 중요한 것들' 이호선 교수 -*

"나는 사람들을 다루는 특별한 비결을 가지고 있지 않다. 다만 사람들을 있는 그대로 받아들일 뿐이다."

20세기 정신의학계 거장 폴 투르니에의 말이다. 이 명언처럼 있는 그대로 받아들일 때 최대의 역량이 발휘된다는 것을 직접 경험한 일이 있다.

나는 3년 전 현재 직장으로 이직한 후 전임자와 계속 비교당했다. 전임자는 이미 회사를 떠난 상태여서 나와 일처리 방식이 어떻게 다른지 도저히 파악할 수 없었다. 도대체 내가 어떤 점에서, 무엇이 부족한지 정확하게 가늠할 수 없는 상태에서 성과는 나아지지 않고 오히려 자존감만 바닥으로 떨어지고 있었다. 창의적인 해결책을 내기는커녕 오직 새로 옮긴 회사에서 살아남는 것만을 목표로 발버둥치고 있었다. 내 머릿속에 가상으로 존재하는 전임자의 모습을 상상하면서. 그 사람보다 잘해야 한다는 부담이 나를 옮죄고 있었다. 복싱 경기로 치면 상대가 누군지 모르고 기운 빠지는 헛스윙을 날리고 있는 것과 같았다. 그러던 어느 날 무엇을 채워야 할지 모르고 버둥거리는 것은 밑 빠진 독에 물 붓기라는 생각이 들었다. 그래서 정체불명의 경쟁자를 내 머릿속에서 완전히 지워버리기로 결심했다. 그러고는 나만의 방식으로 기존 업무를 새롭게 정비하기 시작했다. 그것이 내가 지금까지 성과를 낼 수 있었던 나만의 강점이었다. 그때부터 남이 뭐라고 하든 신경 쓰지 않고 나만의 스타일로 밀고 나갔다. 그렇게 1년이 지나자 현재 재직 중인 글로벌 회사에서 한국이 전 세계의 대표적인 성공 사례로 손꼽힐 정도의 성공을 거뒀다. 그때 '가장 나다운 것이 월드베스트 경쟁력이다'는 것을 확실히 깨달았다. 그 후부터 나는 직원들에게 '가장 너다운 솔루션'을 생각해보라고 격려했다. 남들이 하는 방식을 기웃거리지 말고 본인의 장점과 경험을 최대한 활용하는 것이다. 현재 상황을 타계할 수 있는 최고의 해법이라고 말이다.

   한국노인상담센터장 이호선 박사는 '부모가 알아야 할 더 중요한 것들'이라는 강연에서 부모가 자녀를 양육하던 시대에서 자녀와 파트너십을 형성하는 시대로 변화하고 있다고 했다. 즉 자녀의 성장시기별로 0~7세 동안 부모는 양육하고 훈육하는 역할을 하고, 7~12세는 격려자로서, 12~20세 동안은 상담자로서, 20~40세

동안은 자녀들의 동반자로 삶을 살아야 한다는 것이다. 자녀를 키우기 힘든 이유는, 자녀의 자아와 주체성이 형성된 7세 이후에도 여전히 아이를 키운다는 개념으로 접근하기 때문이라고 했다. 예의범절이나 도덕적인 판단 기준과 같이 일상생활에 꼭 필요한 기본적인 규칙은 자녀에게 꼭 알려줘야 한다. 하지만 주체적인 의사결정을 할 수 있는 7~12세에는 아이 스스로 상황을 판단하면서, 자신의 생각을 정립해 나가도록 격려해주는 것이 더 중요하다.

이전까지 상하 수직관계로 명령 내리던 양육자에서 좌우 수평관계의 조력자로 부모 역할을 전환해야 한다는 것이다.

부모의 입장에서 옳다고 생각하는 것을 명령하는 양육의 시기에는 아이의 의견보다는 엄마의 방침을 명확하게 전달하는 것이 중요하다. 하지만 아이 스스로 올바른 결정을 내릴 수 있는, 도와주는 조력자 시기에는 아이와 호흡을 맞추며 아이의 세세한 감정 상태와 마음을 읽어주는 것이 더 중요해진다. 아이 상황에 맞는 적절한 타이밍에 조언과 격려가 이뤄지면 높은 효과를 볼 수 있다. 그러기 위해서는 아이의 개성을 존중하면서 장점을 발견해야 한다. 아이를 있는 그대로 인정하고 받아들일 때 거기에 딱 맞는 조언과 격려가 가능하다.

사람을 있는 그대로 받아들인다는 것은 그 사람의 존재만으로 충분하다는 위대한 사랑의 표현이다. 아이에게 '네가 아닌 다른 누군가가 되려고 애쓰지 마라. 너는 이미 너 자체로도 훌륭하다.'는 자존감을 넣어주면 아이는 잠재되어 있는 자신만의 강점들을 꺼내 찬찬히 살펴볼 수 있는 소중한 시간을 갖게 된다.

내 경우를 보더라도 이것은 정확했다. 나는 직장에 다니던 엄마였으니 늘 집에 없었다. 그런 공백 때문이었는지 아들은 늘 의기소침해하거나 남들 주변을 두리번거리기 일쑤였다. 자신을 사랑하는 마음도 적었는지 마음에 중심도 부족했다. 그러던 아들이 지금의 당당한 모습을 찾을 수 있게 된 것도 엄마와 개별적인 존재로 서로를 응원하는 관심 덕분이었던 것 같다. 지금 아들은 중학생이 되었고 매우 바람직한 모습으로 학교생활을 하고 있다. 그런 아들에게 내가 물었다.

"아들! 아들이 어떻게 이렇게 바뀌었지? 너무 신기해, 너무 멋져서."

그랬더니 아들이 이렇게 대답했다. "엄마 덕분에요, 그리고 꿈이라는 게 생겼으니까."

부모가 태도만 바꿔도 자아의식이 발달하는 청소년 시기에 서로를 인정하고 받아들이는 아름다운 관계를 만들어 갈 수 있다.

나 역시 때때로 실수를 범하곤 했다. 나는 성향상 시련과 역경을 크게 두려워하지 않는다. 오히려 돌파해 가는 과정을 즐긴다. 물론, 처음부터 강인한 것은 아니었다. 지난날 엄마로서 또 여인으로서 경험해야 했던 고통스런 경험이 나를 역경에 강한 사람으로 만들었다. 평생을 함께 하고 싶은 한 남자를 만났고, 그와 나를 이어주는 첫 아이를 임신했다. 처음 엄마가 되는 과정은 놀랍고 경이로웠다. 모든 애정을 다 쏟으며 아이가 세상에 나오기만을 기다렸다. 하지만, 출산 예정일을 2주 앞두고 아이를 사산했다. 아이의 목에

탯줄이 감겨 세상의 빛을 볼 날을 2주 남겨 두고 그렇게 아이를 보내야 했다. 정확한 사인을 밝히려면 부검을 해야 했지만 이미 하늘로 가버린 아이를 두 번 죽일 수는 없는 일이었다. 나는 심각한 우울증뿐 아니라 정신 착란에 가까울 만큼의 심각한 후유증을 겪었고, 혹여 나쁜 마음을 먹을지도 모를 내 증세들 때문에 온 가족이 번갈아 가며 나를 지켜야 했다. 어느 정도 시간이 흘러 회사에 복직하니 여기저기 나를 보는 모든 사람이 내가 딸을 낳았는지 아들을 낳았는지 물어 왔다. 도무지 어떻게 대답을 해야 할지 고통스러웠고 마음은 갈기갈기 찢어졌다.

　이혼을 하겠다며 날뛰던 나를 남편이 그렇게 사랑으로 품어주지 않았더라면 아마 나는 그 모든 것을 건강하게 이겨내지 못하고 쓰러졌을 것이 뻔하다. 그 일을 겪은 후, 나는 세상 어떤 일이 닥쳐도 무섭지 않다. 세상천지 아이를 잃은 어미의 마음보다 더 큰 고통이란 있을 수 없다. 그러니 어지간한 힘든 일을 만날 때마다 '쳇, 니가 아무리 큰 문제라 해도 그때 그 일보다 더 힘들겠니? 그래 내가 보기 좋게 극복하고 말 테니 지켜봐도 좋다'라는 생각을 하곤 한다.

　그러다 보니, 사람들이 모두 나와 같은 마음일 것이라 착각하며 아이들에게도 도전하는 삶을 살라고 강요할 때가 있다. 그러면 아이들은 나의 도전적인 행동에 두려움과 부담감을 갖고 뒷걸음질 쳤다. 아이들의 그런 소극적인 모습을 볼때 마다 아이들이 나와 같은 성향일 것이라고 단정 짓지 말아야겠다고 느끼곤 했다.

분명 아이의 성향에 따라 엄마의 열정적인 행동이 오히려 힘겹고 부담스럽게 느껴질 수 있다. 그렇기 때문에 아이의 고유한 개성을 파악하려는 관심과 배려가 필요하다.

아이를 있는 그대로 받아들이고 존중하지 않으면 아이와 엄마의 거리는 점점 멀어질 것이 뻔하다. 어쩌면 사춘기를 겪는 시기에 대화가 단절될 수도 있다.

아이는 자신만의 고유한 색깔을 드러낼 때 가장 아름답게 성장한다. 반대로 비교당하는 아이는 그 순간 자존감을 잃는다. 비교는 아이 스스로 부정적인 자아상을 형성할 뿐 아니라 자신을 인정하지 않는 부모에게 마음의 문을 닫게 만든다. 이제 일방적인 요구를 하달하는 '명령자'에서 관심과 배려를 가진 '조력자'로 변화가 필요하다.

06

주문하라,
마치 맡겨 놓은 것처럼

"내가 위대한 사람이 되려고 열망했던 것은 나에 대한 어머니의 믿음 때문이다."
- 정신분석의 창시자 프로이트 -

"이 세계는 무한한 우주 부엌(Cosmic Kitchen)과 같고, 우리의 주문을 기다리는 우주 주방장은 항시 대기 중이다. 우리가 할 일은 원하는 바가 무엇인지 아는 것과, 어떻게 주문하는가이다." 마인드파워 워크숍의 강연자인 패트리샤 J. 크레인의 저서 《행복한 나를 만드는 자기 긍정의 기술》에 나오는 말이다. 이 마법 같은 문구를 읽으며 꿈을 이루지 못한 이유는 가슴에 품은 꿈이 없어서였다는 것을 다시 한 번 느낀다. 내가 진정으로 맛보기 원하는 요리를 정하고 우주 주방으로 주문서를 발송하지 않았기 때문이다. 원하는 요리를 주문하기만 하면 세계 최고의 주방장이 산해진미 재료로 최고의 음식을 만들어 주려고 대기 중이다. 하지만 정작 자신은 그 사실을 모른 채 무한한 우주 주방에서 굶고 있다는 의미다.

그동안 꿈을 설정하지 못하고 방황했던 시간이 이미 내 인생에서 사라져버렸다는 사실 때문에 서글펐다. 그래서 이제라도 더 빨리 이루고 싶은 열망이 더욱 강해졌다.

우선 꿈을 효과적으로 이룬 사람들의 사례를 공부하기 시작했다. 말도 안 되는 큰 꿈을 꾸면서 척척 이뤄 간 사람도 있고, 꿈을 꾸긴 했지만 아직도 꿈을 천천히 이뤄 가는 과정에 있거나 중간에 포기한 사람들도 있었다. 꿈 세미나를 듣는다고 모두 꿈을 찾은 것도 아니었다. 모두 가슴 뛰는 꿈을 갖게 된 시작점은 같은데 어떤 사람들은 원하는 꿈을 빨리 이루고 더 큰 꿈을 꾸고 있는 반면, 어떤 사람들은 여전히 꿈만 꾸면서 지쳐 가고 있었다. 나는 그 차이가 정말 궁금했다. 특히 아이들에게 꿈을 전파한 엄마의 입장에서 꿈을 더 빨리 이룰 수 있는 방법이나 도구가 있다면 귀가 솔깃해질 수밖에 없었다. 이때 헨리에트 앤 클라우의《종이 위의 기적, 쓰면 이루어진다》를 읽게 되었다. 종이 위에 적는 행위가 꿈을 이뤄 준다니 어떻게 그렇게 될 수 있는지, 그 원리를 이해하고 싶었다. 나와 아이들의 꿈이 이뤄질 가능성을 높일 수만 있다면 그 자체로도 공부할 가치는 충분했다.

결론부터 말하자면 꿈을 종이에 적는 것은 굉장한 의미를 갖고 있었다. 지금까지 내가 우주 부엌에 있었다는 것 자체를 모르고 굶고 있었다면 꿈을 종이에 적는 것은 내가 원하는 음식을 주문하는 것과 같았다. 즉 '내가 원하는 것이 바로 이것이다.'는 신호를 쏘아 올리는 일종의 의식 행위였다. 가게를 새로 열게 되면 '사업 개시' 간판을 내걸고 신장개업을 요란하게 알리는 것과 같은 이치다. 지금까지 잠재의식을 전혀 활용하지 못하고 살았다면, 이제 육상트랙에서 '제자리에! 준비! 출발!'이라고 외치며 잠재의식에게 풀가동 지시를 내리는 것과 같았다.

꿈을 종이에 적을 때는 '주문 명세서'를 적듯 상세하게 적어야 했다. 온라인 쇼핑몰에서 상품을 주문할 때 브랜드, 제품명, 사이즈, 색깔, 포장용기 등 다양한 옵션을 정확하게 선택하는 것처럼 꿈을 종이에 써서 주문할 때도 같았다. 누가 보더라도 주문한 상품이 무엇인지 명확하게 알 수 있도록 옵션과 구성을 정확하게 적어야 했다. 나는 이것을 이해하자마자 정확한 주문을 위해 내 꿈을 다시 상세하게 적었다. 언제, 어디서, 어느 규모로, 누구와 함께, 내 꿈을 이뤄 갈 것인지, 내 꿈을 통해 혜택받는 사람들은 어떤 사람들인지 상세하게 적었다. 그렇게 종이에 적기 시작하니 어떤 부분은 꽤 채워졌지만 어떤 부분들은 여전히 애매한 상태로 비어 있었다. 하지만 모든 것을 하루에 적으려고 하지 않았다. 명확해진 부분은 그 상태로 적었고 부족한 부분은 생각을 던져 놓고 아이디어가 떠오르면 적었다. 이렇게 꿈을 적고 보니, 머릿속 상상에만 존재하던 꿈의 모습이 점차 구체화 되었다. 신기한 것은 애매하게 텅 비어 있던 부분에 물음표만 남기고 비워 놓아도 며칠이 지나면 어김없이 관련된 아이디어나 새로운 기회들이 나타나기 시작했다는 점이다.

　예를 들어 내가 나누고 싶은 주제와 관련해 책을 출간하고 싶다고 종이에 적어 놓으니 몇 달 후 책을 집필하고 있었고, 특정 업무를 잘하는 사람을 만나고 싶다고 적어 놓으면 우연한 모임에서 내가 찾던 전문가를 소개받았다. 정말 듣고 싶은 저녁 강좌가 있지만 다른 일정과 중복돼 물음표만 찍어 놓아도 근처에 가면 어느덧 일정이 자연스럽게 변경돼 두 가지 일 모두 가능하게 조정되었다. 처음에는 이 일이 우연이라고 생각했지만 횟수가 점차 많아지자 내가 원하는 것이 마치 자동으로 이뤄지고 있다는 느낌이 들었다.

　목표를 종이에 적는 것은 두뇌의 '망상 활성화 시스템(Reticular Activating System, RAS)'이 꿈을 돕는 결과를 가져온다. 두뇌가 성능 좋은 필터로 시스템을 가동하니 본능적으로 꿈에 반응하는 것이다. 만약 종이에 적어 잠재의식에 각인시켜 놓지 않으면 꿈과 관련된 기회들을 알아차리지 못하고 스쳐 지나가게 된다. 즉, 꿈을 이룰 수 있는 소중한 기회들을 눈 뜬장님처럼 바로 코앞에서 놓치게 되는 것이다.

　목표를 기록하면 잠재의식이 24시간 풀 작동한다. 목표와 관련한 정보나 기회에 예민하게 반응하며, 꿈을 이루는 방향으로 일하기 시작한다. 명령받은 잠재의식은 한순간도 놓치지 않고 꿈과 관련된 세세한 것들을 챙기고 분류하면서 작업한다. 잠재의식은 수면 시간에도 끊임없이 목표를 이루기 위해 일한다. 그래서 꿈속에서 중요한 계시를 얻거나, 아침에 씻을 때 번뜩이는 아이디어가 떠오르는 경우가 빈번해진다.

　나 역시 새벽에 일어날 때나 샤워 중에 그동안의 고민을 한방에 날릴 만한 기발한 아이디어를 번번이 얻고 있다. 매일 새벽 일어나 오늘 해야 할 핵심 키워드를 적으면 하루가 '핵심 키워드' 중심으로 돌아가 원하는 결실이 빨리 얻어졌다. 매일 아침 오늘 해야 할 중요한 일을 노트에 적음으로써 그날 하루, 내가 집중해야 할 필터를 장착하는 셈이다. 이는 마치 우주와 교신해 내가 원하는 것을 민감하게 끌어당길 수 있는 '레이더'를 설치한 것과 같다.

　기적노트를 쓰기 시작한 후로 처음부터 완벽한 이야기를 술술 적은 것은 아니다. 일정 기간 반복해 쓰는 동안 내가 적었던 목표가 구체화되면서, 다른 목표들을 만들어내는 것을 깨달았다. 나는 지금 미래의 우리 아이들 모습에 대한 편지를 매일 아침 쓰고 있다. 내가 생각하는 아이의 멋진 모습을 적다 보면 지금 내 앞에 있는 어린 자녀에게서 그 미래의 모습이 명확하게 투영돼 보인다. 현재 어린 자녀들을 나의 소유물로 생각하는 것이 아니라 미래에 덕망 있는 CEO, 노벨문학상 수상자라는 존경받는 큰 인물로 생각하고 존중할 수 있게 되었다. 내가 아이들을 미래의 위인으로 대할 때 '관찰자 효과'에서처럼 미래의 파동들이 나의 자녀들을 그러한 위인으로 만들어줄 것이라는 사실을 확신한다.

　분명 나와 아이들의 꿈은 믿음을 먹고 콩나물처럼 쑥쑥 자랄 것이다.

07

엄마의 꿈을
들려줬을 때

❖❖❖❖❖❖❖❖❖❖❖❖❖❖❖❖❖

"행복해지는 방법이요? 좋아하는 것이 뭔지 알고 그것을 매일 해서 가치 있는 것으로 만들어 남들과 나누면 됩니다."
- '스마트 시대, 행복의 진화' 정진호 -

《내가 꿈을 이루면 나는 누군가의 꿈이 된다》의 저자 이도준은 꿈 하나를 위해 15년 동안 다니던 대기업을 그만두고 34개월 동안 유럽 여행을 떠났다. 그는 책에서 "박찬호가 있었기에 류현진을 비롯한 수많은 야구선수가 메이저리그의 꿈을 이뤘다. 그리고 류현진은 다시 누군가의 꿈이 되기 위해 열심히 뛰고 있다."라며 꿈의 전염성과 파급효과를 말했다.

내가 꿈을 이루기 위해 노력하고 있는 지금이, 이미 누군가의 꿈인 내가 되어 가고 있는 것이라 생각하니 설레면서 비장한 각오가 생겼다.

20년 가까이 직장 생활을 하며 목표를 설정하고 이뤄 가면서, 언제나 새로운 것을 배우고 성장하는 기쁨을 느끼며 지냈다. 딸이 엄마 인생의 궁극적인 목표가 무엇인지 면전에서 대놓고 질문만 하지 않았다면, 현재 위치에서 최선을 다했을 것이다. 이동 방향이 맞는지는 잘 모르겠지만, 조금씩 이동하고 있다는 성취감으로 즐겁게 살았을 것이다.

옆도 뒤도 돌아보지 않고 직장 생활을 하는 나의 롤모델은 아버지셨다. 아버지는 대령으로 예편한 후에도 골프와 스키 등 리조트 산업의 CEO로 성과를 이루셨다. 칠순 가까운 연세까지 근무해달라는 회사의 러브콜을 받으시며 행복한 직장 생활의 귀감이 되어 주셨다. 워낙 일을 즐기셨기 때문에 가족들은 아버지가 이제 좀 쉬셨으면 하는 바람이 있었다. 하지만 가족은 스스로 은퇴 결정을 내리시기 전까지 진심으로 응원했다. 하신 일의 특성상 아버지는 야외 활동과 휴일 근무가 많으셨다. 또 일을 진두지휘하기 위해서 강도 높은 육체적 업무까지 모두 감당하셔야 했다. 그렇게 쉼 없는 열정으로 전진하시던 아버지는 칠순이 가까운 연세로 업무가 버겁게 느껴지시자 퇴직을 선언하셨다. 누구보다 열정적인 삶을 살아오셨기에 가족들은 아버지의 은퇴를 진심으로 축하드렸다. 아버지도 더 이상 후회도, 미련도 없다시며 이제부터 여유 있는 휴식을 즐기겠다고 선언하셨다.

아버지께서 축복을 받으며 행복한 은퇴를 하신지 벌써 5년이 다 되어 간다. 하지만 나는 아직 청년 못지않은 체력과 열정을 갖고 계신 아버지를 뵐 때마다 앞으로도 계속될 휴식이 마냥 안정적으로만 생각되지 않았다. 서울 올림픽을 기점으로 1990년대부터 '여가'라는 새로운 문화가 생겨났고, 이 트렌드에 맞춰 새롭게 떠오른 리조트 사업을 일군 경영자로서 은퇴 후 '좀 더 장기적인 플랜을 세우셨으면 좋지 않았을까'라는 미련에서다. 20년 가까이 축적한 노하우를 책으로 출간하셨거나 후배 경영인 양성을 위한 강연을 준비하셨더라면 은퇴 이후의 삶이 좀 더 보람 있지 않으셨을까 생각이 든다.

나의 훌륭한 롤모델이셨던 아버지의 열정적인 직장 생활과 확실하게 대조되는 매우 지루해 보이는 아버지의 은퇴 후의 시간을 지켜보면서 나의 미래가 보이기 시작했다. '내 세대는 젊은 건강을 유지하면서 더 길어진 노후가 남아 있을 텐데 어떻게 하면 이 기간을 보람 있게 보낼 수 있을까'라는 질문이 생긴 것이다.

숭산 스님의 "삶의 방향이 분명하다면 온 삶이 모두 분명해진다. 하지만 삶의 방향이 분명하지 않다면 늘 문제투성이가 되고 만다."라는 글귀를 보면서 비록 사십대 중반의 나이지만 남은 인생을 어떻게 살면 좋은지 고민하기로 결심했다.

이런 고민이 내가 꿈을 찾는 과정 중에 있었다는 것에 감사한다. 다행히 내가 품은 '미래혁신 창업재단장'이라는 꿈을 실현시키면 그 문제는 자동으로 해결된다는 사실을 깨달았으니 말이다. 어느 면으로 보면 이 꿈은 매우 허황되고 요원해 보일 수도 있다. 그러나 나는 그 일을 하고 싶은 내면의 이유를 찾았고 꿈을 향해서 즐겁게 나가며 인생을 마무리할 수만 있어도 정말 여한이 없을 것 같다.

고민에 대한 답을 찾자, 내 인생이 내 생각대로 굴러가고 있다는 행복함으로 충만해졌다.

아이들과도 엄마와 자녀의 관계만이 아닌, '가슴 뛰는 꿈을 찾은 선배'와 '꿈을 찾고 싶어 하는 후배'의 입장에서 함께하게 되었다는 사실에 감동으로 가슴이 먹먹해졌다.

나는 엄마가 먼저 가슴 뛰는 꿈을 찾아 행복하게 노력하는 모습을 보여주면 아이도 본인의 꿈을 찾고 싶다는 소망을 품게 된다는 것을 분명하게 깨달았다.

아이들도 이제 각자의 책상머리에 본인의 '꿈의 신전'을 붙여놓고 시키지 않아도 공부하고 알아서 학원도 잘 다닌다. 꿈을 설정한 후에 아이들의 표정도 눈에 띄게 밝아졌다. 나도 인생의 방향을 정하고 나니 심리적으로 안정되고 평안해지면서 아이들에 대한 태도가 여유로워졌다. 나의 꿈을 찾은 것만 해도 정말 행복한데 아이들도 본인들의 꿈을 찾고 스스로 그 꿈을 이루기 위해 앞으로 나아가니 세상에 이런 천국이 따로 없다.

이제 이런 나의 행복한 경험을 다른 엄마들과도 나누고 싶다. 이로써 조금 더 행복해질 많은 엄마들을 위해서. 이 책을 통해 예전 나와 같은 처지의 엄마들이 변하고 아이들도 행복해질 수 있다면 이것 역시 내 꿈이 이뤄진 소중한 결과다.

이것만은 꼭 기억하자!

엄마가 꿈을 이루면 엄마는 아이들의 꿈이 된다.

3장

행복은 '무엇'이 아니라 '어떻게'의 문제다

01
잔소리꾼에서
문제 발견자로

❖❖❖❖❖❖❖❖❖❖❖❖❖❖❖❖❖❖❖❖

"매번 사소한 것을 얘기하는 것은, 듣는 사람 입장에서 별로 중요하지 않다는 생각을 갖게 하며 행동을 바꾸는데 효과적이지도 않다."
-가톨릭의대 성모병원 정신과 채정호 교수-

잔소리의 사전적 의미는 이렇다. '쓸데없이 자질구레하게 늘어놓는 말 또는 필요 이상으로 듣기 싫게 꾸짖거나 참견하는 말'이다. 한자로는 쇄언(瑣言) 즉 '부스러진 말'이란 뜻이다. 말하는 사람은 상대를 위한 말이라고 생각하지만 듣는 사람 입장에서는 꾸지람, 설교, 꾸중, 야단 등과 같은 부정적인 감정 저항선이 생긴다. 그렇다 보니 말의 내용만큼 효과를 발휘하기 어렵다. 잔소리와 비슷한 말 중 하나로 '바가지를 긁다'가 있다. 옛날에 괴질(콜레라)이 돌던 시절 귀신을 쫓는다 해서 바가지를 득득 문지르던 것에서 유래한 말이다. 대표적인 바가지 멘트로 '돈 좀 많이 벌어오라'는 잔소리가 있다. 남편의 입장에서 이런 부인의 잔소리는 오히려 일할 의욕을 감퇴시킨다. 그 다음이 '공부하라'는 잔소리일 것이다.

엄마가 아이에게 잔소리를 퍼붓는 이유야 많겠지만 대표적으로 아래 세 가지 이유를 들 수 있겠다.

첫째, 자신의 과거에 아이를 비교하기 때문이다. '나는 저러지 않았어!'라는 왜곡된 기준을 적용해 아이의 행동을 못마땅히 여기는 것이다. 엄마 본인도 다양한 시행착오를 겪으며 현재의 모습이 된 것을 까맣게 잊은 셈이다. 서울대 심리학과 최인철 교수는 《프레임》에서 이것을 '후견지명(hindsight)효과'라고 했다. 과거의 기억은 사건과 감정에 대한 일부다. 그러나 기억은 과거의 기억을 현재 자신의 모습과 닮도록 새롭게 창조하는 작업이라고 해설했다.

"애벌레가 나비가 되고 나면 자신은 처음부터 작은 나비였다고 주장하게 된다. 성숙의 과정이 모두를 거짓말쟁이로 만들어버리는 것이다."

하버드대학교 의과대학 교수이며, 세계 최장기 성인발달연구를 맡아온 조지 베일런트 교수가 한 말이다. 이처럼 우리는 개구리 올챙이적 시절을 까맣게 잊어버리는 과오를 반복하고 있다.

부모도 분명 철없는 시절을 거쳐 어른이 되었건만, 과거 부족했던 모습은 잊어버린 채 처음부터 '나는 성숙한 모습이었다'라고 착각하는 것이다. 아이에게 잔소리를 늘어놓을 때면 자신의 왜곡된 기억과 아이를 비교하고 있지 않는지 돌아보자.

둘째, 아이라는 구매고객에게 엄마의 판매 전략이 실패했기 때문이다. 다니엘 핑크의 신작《파는 것이 인간이다》에서 우리의 일과 일상에서 벌어지는 많은 활동 모두는 넓은 의미의 판매 활동으로 정의된다. 아이에게 학원에 빠지지 말 것과 숙제를 지시하고, 직장에서 프로젝트를 위한 아이디어를 제안하는 것도 판매 행위다. 동료와 식사 장소와 메뉴를 고르고, 가족 여행 때 가고 싶은 곳을 추천하는 등 제안을 받아들이도록 설득하는 모든 일이 판매 활동이다. 일상생활에서 크고 작은 판매가 성공하면 만족감을 얻을 뿐 아니라 주변 상황을 내가 원하는 대로 이끌어 간다는 정서적인 행복감도 얻는다.

이제 아이들이 엄마의 말에 반감을 갖지 않고 원하는 행동을 순순히 따르기 원한다면 탁월한 영업사원의 마인드가 필요하다. 구매자의 관점에서 보면 차별성은 매우 명확하다. 강사는 콘텐츠를 팔고, 정부는 정책을 팔고, 선생은 학생들이 주의를 기울일 만한 가치를 판다. 탁월한 엄마라면 "경험에서 우러나온 조언이 그 무엇보다 가치 있다는 사실을 판매"할 수 있어야 한다.

아이들이 엄마의 의견을 구매하는 고객이라는 관점으로 보면 잔소리가 갖고 있는 백해무익함이 명확하게 드러난다. 지금까지 엄마 입장에서 일방적으로 아이들에게 퍼부었던 잔소리는 받자마자 쓰레기통으로 직행하는 스팸 메일처럼 이기적인 것이다. 고객의 입장은 아랑곳하지 않고 내 상품이 좋다고 소리를 질러 대는 혼자만의 아우성이다.

셋째, 엄마의 불안한 감정을 해소하기 위해서 잔서리가 나오기도 한다. 그런 잔소리는 시정 될 때까지 고장 난 테이프처럼 반복하는 악순환이다. 아이가 엄마의 말에 귀를 기울이게 만들고 싶으면 '희소성'의 가치를 부여해야 한다. 정말 중요한 내용만 말하고 전체적으로 말하는 빈도를 줄이는 것이 필요하다. 청각을 통해 처리되는 정보의 양은 한계가 있다. 너무 많은 정보가 뇌로 들어오면 뇌는 이 정보를 받아들이지 않고 차단하게 된다. 즉 한 귀로 듣고 한 귀로 흘려버리는 현상이 발생하게 된다. 엄마 본인은 불안한 감정을 말로 내뱉어 해소함으로써 당연히 해야 할 일을 한 것 같은 기분이 들지 모른다. 하지만 부정적인 감정 저항선 때문에 내용이 전달되기도 전에 엄마의 불안한 감정은 아이의 잠재의식에 그대로 투영된다. 잔소리를 통해 엄마의 불안한 감정은 아이의 잠재의식에 '걱정'이라는 싹을 내린다. 불안한 감정이 말로 표현되어 밖으로 나가면 잔소리가 되는 것이고, 안으로 쌓이면 걱정이 되는 것이다.

일전에 전화로 보험 가입을 했던 적이 있다. 설계사가 보험약관 내용을 빠른 목소리로 한참을 혼자 읽어 내려가는데 마치 고문을 받는 느낌이 들었다. 집중해서 들으려니 정보량이 너무 많고 말이 빨라서 곧 피로해졌다. 멍하게 딴 생각을 하다가 중요한 내용을 놓친 것은 아닌지 불안해졌다. 마지막 부분에서 "위 내용에 동의하십니까?"라는 질문을 받고서야 정신을 차릴 수 있었다. 아니라고 대답하면 방금 겪었던 전화 고문을 또 당할지도 모른다는 생각에 바로 "네."라고 대답했던 기억이 난다.

아이들은 공감대를 기반으로 마음을 열고 서로 소통할 때 정보를 더 잘 받아들인다. 엄마 입장에서 아이에게 해주고 싶은 말이 정말 많겠지만, 욕구를 절제할 줄 알아야 한다. 단도직입적으로 "이렇게 해라. 저렇게 해라." 명령하는 것보다 아이가 흥미나 호기심을 갖고 엄마에게 방법을 물어보도록 유도하는 것이 효과적이다.

나는 아이가 시험 성적을 받아오면 아이의 생각을 먼저 물어본다. 좋은 성적이 나온 과목은 칭찬을 하면서 공부 비법을 물어봐주고, 부족한 성적이 나온 과목은 엄마가 어떻게 도와주길 바라는지 아이의 의견을 먼저 구한다. 각 과목의 점수를 문제로 바라보고 해결책을 결정하는 것이 아니라, 성적표를 펼쳐 놓고 함께 해결해야 할 문제를 먼저 찾는다. 이 과정에서 잠재된 이슈와 예상치 못했던 사실들이 발견되기도 했다. 또한 문제도 쉽게 풀렸다. 해결책은 어떤 식으로든 구할 수 있기 때문이다.

내 경우 아이가 공부할 때 구부정해지는 자세에 문제가 있다는 것을 발견했다. 이후 전문가의 도움을 받아 자세 교정에 들어갔다. 아직도 정기적으로 자세 교정 운동을 하면서 치료를 받는 중이지만 예전보다 공부 시간이 길어지고 집중력이 좋아지는 성과를 얻었다.

이제 아이의 부정적인 잠재의식을 강화시키는 백해무익한 잔소리는 당장 멈추자!

대신 아이 스스로 문제를 발견할 수 있도록 대화를 시작하자. 분명 엄마의 눈에 문제로 보였던 것들이 진짜 문제가 아니었다는 사실을 발견할 것이다.

아이의 행동에 숨겨진 문제의 이유를 찾아내면서 아이의 입장을 이해하게 될 테니 말이다.

이제 '문제 발견자'로서 필요한 관점을 아이와 함께 키워보자!

02

아이는
엄마의 VIP 고객이다

++++++++++++++++++++

"당신이 하는 모든 생각은 실체이며, 끌어당기는 힘이다."
-신사상 운동가 프렌티스 멀포드-

　끊임없이 쏟아지는 육아 정보와 기사를 접하며 엄마의 머릿속에는 가장 이상적인 자녀의 모습이 이미 만들어져 있다. 다른 누군가와 나를 끊임없이 비교하며 불만을 쌓아가듯 '완벽한 아이는 이래야 한다.'는 모습을 만들어 놓고 내 아이 모습에 불안해한다. 엄마의 마음에는 100점이라는 이상적인 숫자를 정해 놓았는데, 현재 아이의 모습은 30점에도 미치지 못하는 듯 보인다. 이런 상태라면 곧 빵점이 되거나 마이너스가 될 것 같아 불안하기만 하다. 이러한 엄마의 반복된 걱정과 불안은 이내 아이의 미래로 굳어져 현실로 나타난다.
　신사상 운동가 프렌티스 멀포드는 "당신이 하는 모든 생각은 실체이며, 끌어당기는 힘이다."라고 했다. 이 말대로 엄마의 걱정이 아이의 미래에 반드시 실현된다면 모든 엄마들은 깜짝 놀라서 정신이 번쩍 뜰 것이다.

잠재의식 교육가인 틸 스캇은 그녀의 저서 《우주조각가》에서 '끌어당김의 법칙'을 설명하고 있다. 부정적인 생각은 부정적인 현실을 끌어당기고 긍정적인 생각은 긍정적인 현실을 끌어당긴다. 이 법칙에 의해 우리가 원하지 않는 것을 생각하면 결국 그것이 끌려오기 때문에 부정적인 생각은 내가 원하지 않는 상황을 더 촉진시키게 된다.

특히 자녀에 대한 지극한 사랑으로 시작된 생각의 강도는 다른 대상에 대한 생각보다 훨씬 강한 진동을 발산한다. 안타깝게도 엄마가 아이의 미래를 걱정하면 할수록 걱정되는 상황을 더욱 끌어당기고 있는 셈이다.

그렇다고 엄마라는 사람이 사랑하는 아이의 미래에 아무런 대책 없이 절대적인 낙관만 하고 살 수는 없다. 아무리 그렇지 않을 것이라고 스스로 우겨도 엄마가 살아온 경험으로는 도저히 납득이 되지 않기 때문이다. 결국 '그래, 긍정적으로 생각하자. 아이의 강점을 칭찬하자.'라고 이를 악물고 다짐해도 아이의 부족한 행동을 보면 자신의 경험에 근거한 아이의 부정적인 미래가 자동으로 연상된다. 그래서 걱정을 하지 않고서는 배길 수가 없는 것이다. 마치 수없이 다이어트를 결심하고 '적게 먹을 거야. 살 뺀 후의 멋진 모습을 상상하자.'라고 다짐하더라도 머릿속에는 먹고 싶은 생각이 더욱 간절해지는 것과 같다.

싸이월드 창업자인 이동형 대표는 강연에서 연애를 잘하는 사람이 사업도 잘한다고 했다. "사업은 사랑하는 사람과 결혼하고 결혼 생활을 잘 유지하는 것과 같다. 고객과 결혼하는 순간까지 고객의 마음을 사기 위해서 고객이 무엇을 좋아하고 필요로 하는지 관찰하고 이를 만족스럽게 제공해주는 것이 바로 사업이다."라고 설명했다.

나는 이 강의를 들으면서 엄마에게 맡겨진 아이들이야말로 고객이 아닐까라는 생각이 들었다. 사랑하는 사람의 마음에 들기 위해서 모든 신경을 집중해 연애하던 순간처럼 나는 아이가 무엇을 좋아하고 필요로 하는지 충분히 이해하고 있는지 돌아보았다. 아이가 어리다는 이유로 내가 생각하는 것이 옳고 아이에게 좋을 것이라고 단정하며 그 방향으로 아이를 밀어붙이지 않았는가에 대한 고찰이었다.

'내가 아이에게 바라는 것은 아이의 의사와 상관없이 나 혼자 결정한 것이 아닐까? 엄마라는 의무감으로 아이에게 내 뜻만 강요하고 있지는 않은가? 아이가 내 뜻대로 따라오지 않으면 나와 아이를 함께 들볶으며 좌절하고 있는 것은 아닐까?'

내 아이를 나의 VIP 고객이라 생각하면서 이 고객에 대해서 얼마나 세세하게 알고 있는지 돌아보았다. 내가 제공하는 서비스에 나의 VIP 고객은 얼마나 만족하고 있을지 생각하며 엄마라는 역할을 고객만족서비스의 관점으로 관찰하기 시작했다.

회사에서 상품을 마케팅 할 때에도 고객의 성향에 따라 다양한 세그먼트로 분류한다. 일반적인 수준의 상품과 서비스만 제공해 주어도 불만 없이 사용하는 고객도 있고, 조그마한 실수도 용납하지 않으며 만족할 때까지 까다롭게 구는 고객도 있다. 새로운 상품이 때맞춰 나오지 않으면 우리 서비스에 대한 관심을 끊고 다른 브랜드로 이탈해버리는 고객도 있다.

기업은 고객의 마음을 읽기 위해서 소비자 조사, 마켓 리서치, 그리고 빅데이터 분석 등 최첨단 기법을 사용해 모든 총력을 기울인다. 나는 이 날 강의를 들으며 내가 당장 시작할 것이야 말로 바로 아이들에 대한 '관찰과 이해'라는 생각을 했다.

기업이 고객을 향한 초점을 잃고 경쟁사의 움직임에만 신경 쓴다면 위태로워지는 지름길이 된다. 회사역량의 90%는 고객을 만족시키기 위해 집중하고 10%만 경쟁사의 동향이나 최신 트렌드를 파악하는 것이 필요하다. 경쟁사를 벤치마킹하는 이유도 우리 고객에게 좀 더 차별화된 서비스를 제공하기 위해서여야 한다.

엄마가 내 아이를 '있는 그대로 이해하겠다.'는 마음으로 중심을 잡지 않으면 다른 집 아이들이 어떻게 커가는지, 다른 아이에 비해 우리 아이의 수준이 어느 정도인지 계속 기웃거리는 팔랑 귀 엄마가 될 수밖에 없다. 그러면 아이는 작은 파도와 약한 바람에도 중심을 잃고 흔들거리는 종이배를 탄 심정이 된다.

좋은 엄마는 불안해하지 않고 아이를 있는 그대로 바라봐주는 엄마다. 자그마한 것이라도 긍정적인 생각으로 '끌어당김의 법칙'

을 일상생활에서 실천하는 엄마다. 다만 아이에게 필요한 것만 끌어당기지 말고, 자신에게 필요한 것을 끌어당기며 하나씩 성취하는 경험과 기반을 다지는 것이 필요하다. 엄마 자신이 원하는 것을 하나씩 이뤄 가는 것이 어느 정도 습관이 되면 아이에게 적용할 때 더 쉬워진다.

아직 준비되어 있지 않는 아이를 무조건 끌고 가지 말고, 이미 그것을 이룬 아이의 모습을 구체적으로 상상해보자. 이때 아이가 활짝 웃으면서 "엄마, 제가 이 자리에 오르기까지 사랑으로 믿고 이끌어 주셔서 감사합니다."라고 말하는 감격적인 순간을 상상하자.

이렇게 상상할 때 희망이 차오르고 마음이 따뜻해지기 시작한다면 끌어당김의 법칙이 동작하기 시작한 것이다.

아이를 내가 운영하는 기업의 최고 핵심 VIP 고객으로 생각하자. 고객이 원하고 필요로 하는 것이 무엇인지 알기 위해 총력을 기울이는 기업처럼, 엄마는 내 아이가 무엇을 좋아하고 어떤 도움을 필요로 하는지 관찰하고 의사를 물어보며 필요한 도움을 제공하자.

아이는 엄마가 이런 제안을 하는 이유를 생각해보게 될 것이다. 소중한 사람처럼 존중하면서 의사를 물어봐주는 엄마의 태도에 감동을 받아 아이도 엄마에게 공손하게 의사를 표현하기 시작할 것이다.

VIP 고객의 마음은 한번 잃고 나면, 어떤 수고를 더해도 만회하기 어렵다. 이러한 기본 원칙이 자녀 교육에도 적용됨을 명심하자. 아이는 엄마의 평생 VIP 고객이다.

03
공부 잘하는 아이와
꿈꾸는 아이

"그 일을 하고 있는 나를 생각했을 때, 설레서 심장이 터질 것 같다면
그 길로 가는 것이 바로 내 인생의 혁신입니다."
- 『내 인생의 혁신: 삼성전자를 떠나다』 김동준 -

　　　　　　　　　　　지난해 경제협력개발기구 OECD 회원국 34개 나라 가운데 우리나라 만 15세 학생들의 수학 학업성취도는 1위였다. 읽기도 1~2위, 과학도 2~4위에 올라 세계 최고 수준이다. 하지만 세계 최고 수준인 학업성취도에 비해 학업흥미도와 동기부여 항목은 거의 꼴찌를 차지했다. 흥미와 자율 동기가 낮음에도 학업성취도가 높다는 것은 스스로 흥미를 느끼며 하는 공부가 아닌, 강제사항에 놓여 공부했다고 해석할 수 있다.

　실제로 1985년부터 2007년까지 하버드 등 14개 미국 명문대에 입학한 한인 학생 1,400명을 대상으로 연구한 논문에 우리가 우려한 결과가 나타났다. 한국인 학생들을 다른 나라 학생들과 비교해

보니, 44%라는 월등히 높은 비율로 학업을 중도 포기하는 것으로 나타났다. 이 결과는 중학교 3학년 이전까지 부모나 선생님의 강요로 학업 성취를 가져올 수는 있었지만 스스로 동기부여되지 않은 상태에서 공부를 지속하는 것은 매우 어렵다는 것을 증명했다.

아이가 평생에 걸쳐 성공적인 삶을 살도록 키우고 싶다면 대학 입학만을 위한 반짝 공부 하는 아이로 키워서는 안 된다. 그보다 아이가 지속적으로 꿈을 꾸고 마침내 실행해내는 근성을 가진 아이로 자랄 수 있도록 도와야 한다.

다양한 분야에서 성공한 사람들은 '꿈', '동기부여', '끈기'라는 세 가지 공통점을 갖고 있다. 이들은 두근거리는 멋진 꿈을 가슴에 품었고, 꿈이 이루어지는 순간을 상상하며 스스로에게 동기 부여를 했고, 성공할 때까지 절대로 포기하지 않는, 노력하는 끈기를 갖고 있었다. 즉 꿈을 갖고 동기부여하면서 이뤄질 때까지 멈추지 않는 '긍정의 동력'을 갖고 있었다. 이 세 가지 요소를 구체적으로 살펴보면 아래와 같다.

첫째는 '멋진 꿈을 갖는 것'이다. 내가 원하는 것과 그것을 이뤘을 때 나의 모습이 근사하면 할수록 그 꿈을 이루고 싶은 열망이 강해진다. 결국 꿈을 이루기 위한 실천 행동들이 빨라진다. 이렇게 멋진 꿈을 가슴에 품게 되면 꿈을 이루는 과정에서 힘든 역경이 나타나도 중간에 포기하고 싶은 마음을 쉽게 극복한다.

멋진 꿈의 기준은 남의 눈에 의해 결정되는 것이 아니다. 나 스스로 원해서, 내가 되길 원하기 때문에 결정된 꿈이어야 한다. 꿈을 떠올리기만 해도 얼굴에서 밝은 빛이 나오는 멋진 꿈을 찾기 위해서는 아이의 내적 욕구와 동경하는 대상에서 그 힌트를 얻을 수 있다.

아들 준수는 어렸을 때부터 돈을 버는 구조에 관심이 많았다. 가족 여행으로 해외 호텔에 묵을 때 침대 위에 팁을 놓으면 이 팁을 받아서 생계를 꾸리는 호텔 청소부의 현금 흐름에 대해서 질문을 했고, 사장이 호텔을 운영하면서 벌어들이는 수입 구조와 규모에 대해 질문했다. 몸이 힘든 육체노동은 적게 하면서 더 많은 돈을 벌 수 있는 사업 구조에 관심이 높았다. 아들이 동경하는 위인으로는 스티브 잡스, 빌 게이츠, 손정의 같은 세상을 바꾼 CEO들이 있었다. 이들에 대한 관심이 높아지면서 위인전과 자료를 적극적으로 탐색했다. 아들의 마음속에 있는 멋진 꿈이란 세상을 이롭게 하는 회사를 경영하면서 사회로부터 존경받고 큰 부를 축적해 풍요로운 삶을 누리는 것이었다.

이제 아이 스스로 생각하는 멋진 꿈을 갖도록 적극 응원하자. 아이는 이것을 이루기 위한 가슴 뛰는 방향을 설정할 것이다.

둘째는 스스로 '동기를 유발하는 능력'이다. 이것은 열심 있는 행동을 하게 만드는 원동력이다. 아무리 멋진 꿈을 가졌더라도 그것을 이루기 위한 지속적인 동기부여가 없다면 꿈을 이루는 속도는 늦어지거나 포기하게 된다. 동기에는 두 가지 종류가 있다. 부모님의 칭찬, 돈이나 명예 등 외부로부터 보상을 받는 외재 동기와 꿈을 이루는 과정 자체가 너무 즐겁고 재미있어서 이미 충분한 보상을 받게 되는 내재 동기가 있다. 스포츠 선수라면 프로로서 받게 된 주변의 칭찬과 부러움, 다양한 대회에 입상한 결과로 받게 되는 돈과 명예가 외재 동기가 된다. 내재 동기는 훈련하며 배우는 기술 자체가 재미있고 즐거워서 프로 선수로 성장해 가는 매일의 훈련 과정에서 얻게 되는 만족감과 성취감이다. 외재 동기와 내재 동기는 균형이 매우 중요하다. 만약 내재 동기가 충분히 부여되지 않은 상태로 많은 부분을 외재 동기에 의존하게 되면 꿈을 이루는 과정이 고통스럽게 느껴진다.

아이의 꿈도 마찬가지다. 내재 동기가 강한 아이는 꿈을 이루는 과정을 즐기게 되므로 쉽게 좌절하지 않아 결과적으로 꿈을 이룰 가능성이 높아진다. 그러므로 스스로 느끼고 배움과 성장의 기쁨을 만끽하도록 아이의 관점을 유도해 주어야 한다.

셋째는 꿈을 이루는 과정에서 발생할 수 있는 다양한 실패에도 굴하지 않고 끝까지 해내는 '끈기'다. 멋진 꿈을 품었고, 동기부여가 충분하더라도 지속적으로 추진할 수 있는 끈기가 없다면 원하는 결과를 이룰 수 없다. 처음에는 꿈을 품고 그것을 배우는 과정에 흥미가 있어 재미있지만, 이내 또 다른 꿈을 발견하고 방향을 바꿔 간다면 아이는 평생 '꿈 쇼핑족'이 될지 모른다. 끈기는 자기 조절능력이다. 멋진 꿈일수록 그것을 달성하는 과정에서 난관이 발생할 가능성이 높다. 그러므로 아이가 '작은 성공'이라도 꾸준하게 얻어 낼 수 있는 환경을 만들어주자. 그리고 그 성공에 스스로 축하하고 자신을 사랑하는 습관이 형성될 수 있도록 지원하자.

좋은 대학을 목표로 아이를 끌고 가면 공부 잘하는 아이로 키울 수는 있다. 그러나 아이가 인생에서 더 큰 일을 이뤄낼 수 있는 성공의 동력을 갖길 바란다면 꿈꾸는 아이로 키워야 한다. 이루고 싶은 큰 꿈을 가슴에 품고, 꿈을 향해 노력하는 과정을 즐기고, 꿈이 이뤄지는 순간까지 끈기 있게 노력하는 아이는 반드시 성공할 수밖에 없다. 남과 비교하기 위해 존재하는 학교 성적이나 입학한 대학의 순위 따위로 자신의 자존감이 흔들릴 이유가 없기 때문이다. 아이는 자신의 꿈을 통해 자기주도적으로 인생을 살아갈 수 있는 엄청난 자유를 얻게 된 것이다.

학교 공부는 아이의 꿈을 이루기 위해 필요한 지식을 제공하는 중간 과정이라는 사실을 잊지 말자. 이것을 부모와 아이가 함께 인지하고, 시선을 대학 입학보다 멀리 두고, 아이의 적성에 맞는 가슴 설레는 꿈을 찾아주는 것이 우선이 되어야 한다.

이것이 바로 학교 공부만 반짝 잘하는 아이가 아닌, 평생 본인의 반짝이는 꿈을 향해 우직하게, 행복하게 나갈 수 있는 '꿈꾸는 아이'로 키우는 비결이다.

04

부모가 믿는 만큼 자라는 아이들

※※※※※※※※※※※※※※

"부모들이 섣불리 끼어들지만 않는다면 아이들은 얼마든지 훌륭하게 자랄 수 있다."
-여성학자 박혜란-

"아이들을 아이들 뜻대로 자라게 하지 않고 부모 뜻대로 키우려는 것 자체가 잘못이다. 자식을 독립적인 개체로 생각하면 자식이 뜻을 세우도록 도와주는 게 부모로서의 할 일이다." 여성학자 박혜란의 말이다. 아이를 키울 생각 말고 부모 자신이 커 가면서 아이들의 성장과정을 따뜻한 눈으로 바라보면 모두 행복하다고 그녀는 말한다.

나는 워킹맘으로써 아이들을 세세하게 챙길 수 없었다. 아이들에 대한 믿는다는 믿음의 결과이기도 했고, 제발 혼자서도 잘해주길 원했던 바람이기도 했다. 첫 아이가 초등학교 1학년 때부터 알림장을 읽고 혼자 준비물을 챙기고 숙제도 스스로 하게끔 놓아 두었다. 아마 남들이 볼 때는 황량한 광야에 아이만 덩그러니 놓아두고 온 매정한 엄마라고 볼 수 있을 것이다. 하지만 나는 아이가 겪을 실수나 시행착오도 워킹맘을 둔 우리 아이들이 소화하게 될 보약이라 믿었다. 물론 처음 하는 학교생활이기에 숙제를 엉뚱하게 해 가거나 준비물을 챙기지 않아 선생님께 혼나는 일도 종종 있었다. 하지만 실수를 통해 배우고 개선 방법을 스스로 찾아갈 수만 있다면 그것이야말로 교육이라 생각했다. 아이가 어떻게든 혼자 해보겠다고 노력하는 모습을 보면서 가슴 아픈 적도 많았다. 하지만 아이가 무엇을 어떻게 도와달라고 정확하게 요청하기 전까지는 속으로 발을 동동 구르면서도 그냥 두었다.

신기하게도 아이 스스로 충분히 해낼 수 있다는 믿음으로 편안하게 바라볼 때와 아이가 못미더워 불안한 마음으로 바라볼 때의 미세한 차이를 아이가 본능적으로 알아채고 있었다. 나는 확신할 수 있었다. 아이에 대한 강한 믿음을 갖고 여유 있게 바라봐주면 아이도 허둥거리지 않고 여유를 갖게 된다는 사실을.

딸 채연이는 타고나기를 공부욕심이 많았다. 컴퓨터자격시험을 열심히 준비하면서 시험 날을 고대했고 시험 당일 아침에도 마지막 총 복습을 한다면서 컴퓨터 연습에 집중했다. 결국 시험장에 여유 있게 도착하라는 엄마 말을 귓등으로 듣다가 시험 시간에 촉박하게 뛰어나갔고, 결국 엉뚱한 초등학교에서 헤매다 시험을 보지 못했다.

딸은 세상이 무너진 듯 통곡하며 전화를 걸어 왔다.

"채연아, 시험 한 번 못 본다고 무슨 큰 일이 나는 건 아니야. 중요한 것은 오늘 일로 무엇을 배웠는지야. 시험장에는 여유 있게 도착해야 한다는 아주 중요한 교훈을 오늘 얻었으니 그것으로 충분해. 앞으로는 시험 장소를 미리 확인하고 여유가 된다면 시험 전날 한번 가보는 것이 좋겠지? 진정하고 얼른 집으로 와. 엄마가 꼭 안아줄게."

짧은 통화였지만 채연이는 마음이 진정되는 듯했다. 그리고 시험 당일 여유를 찾는 방법을 스스로 알게 되었다.

미국의 대표적 성공 철학자인 나폴레온 힐은 극심하게 가난한 가정에서 태어났으며, 여덟 살에 어머니까지 여의면서 어린 시절을 불우하게 보냈다. 새어머니가 가족에게 처음으로 소개되던 날 아버지는 "이 아이는 우리 마을 최고의 악동이다. 지금도 무슨 일을 벌일까 궁리하는 중이다."라며 아들을 인사시켰다. 하지만 새어머니는 아이 앞으로 다가와 조용히 바라보더니 "잘못 보셨어요. 아직 자기 지혜를 제대로 발휘할 줄 모르는 영리한 소년이네요."라며 용기를 북돋워주었다. 후에 나폴레온은 갖고 놀던 총을 팔아 타자기를 샀고 새어머니로부터 타자를 배우면서 생각을 글로 옮기는 일에 흥미를 갖기 시작했다. 새어머니는 아들이 글 쓰는 재주가 있다는 것을 발견하고는 "너는 역사에 이름을 남길 위대한 작가가 될 것이 틀림없어."라고 말하며 용기를 불어넣었다. 이후 나폴레온은 500여 명의 성공한 사람들과 수만 명의 실패자들을 인터뷰하고 연구해 집대성한 《나폴레온 힐 성공의 법칙》을 출간했다. 이 책을 출간하는데 20년이라는 긴 세월이 걸렸으나 그는 중간에 결코 포기하지 않았다. 아들에 대한 어머니의 굳은 믿음이 이 일을 끝까지 이뤄낼 수 있도록 만든 원동력이 되었다.

자녀에 대한 부모의 굳은 믿음이 대물림이라도 되는 것일까? 나폴레온은 귀가 없는 채로 태어난 아들이 평생 청각장애인으로 살게 될 것이라는 의사의 말을 보기 좋게 무시했다.

"귀가 없이 태어났다고 그것 때문에 평생을 청각장애인으로 지내지는 않을 겁니다."

그는 아들의 장애를 숙명적 천성으로 받아들이기를 철저히 거부했다. 나폴레온은 아이가 분명 청력을 회복할 것이라는 굳건한 믿음을 갖고 모든 노력을 기울였다. 그로부터 25년 후 한 의사는 나폴레온에게 이렇게 말했다.

"정말 기적입니다. 이 청년에게선 청력기관의 흔적을 어디에서도 찾아볼 수 없습니다. 그런데도 정상인의 청력 65%를 갖고 있습니다."

21살 시카고 대학 최연소 의학박사인 공부천재 쇼 야노는 《꿈이 있는 공부는 배신하지 않는다》에서 부모님의 믿음이 공부를 부담 없이 즐길 수 있었던 원천이었다고 말했다. 그의 부모는 아들이 스스로 길을 찾을 수 있도록 이끌어주면서도 하고 싶은 것을 마음껏 시도할 수 있는 자유로운 분위기를 만들어주었다. 그의 어머니는 "쇼, 나는 네가 이 세상에서 최고가 되길 바라지 않아. 네가 할 수 있는 범위에서 최고로 잘할 수 있는 사람이 된다면 그걸로 충분하단다. 나는 네가 너의 세계에서 최상이 되길 바라고 또 그럴 수 있다고 믿어."라며 아들에 대한 무한 신뢰를 끊임없이 표현했다.

부모의 믿음은 악동을 전 세계인에게 감동을 주는 베스트셀러 작가로 변화시킨다. 청각장애아이도 청력을 찾을 수 있는 기적을 일으킬 만큼 강력한 힘을 발휘한다. 부모가 아이를 바라보는 관점은 아이의 내면에 뿌리는 씨앗과 같다. 아이가 끝끝내 할 수 있을 것이라고 믿으면, 아이의 내면이 '나는 반드시 잘될 것'이라는 긍정의 씨앗이 떨어져 싹을 틔운다.

반대로 아이는 부족한 존재이기 때문에 일일이 도와주지 않으면 해 낼 수 없을 것이라고 생각하면 부정적인 씨앗이 싹을 내린다.

꿈을 찾는 과정에서 더욱 분명해진 이 비밀을 나는 아이 교육에도 적극적으로 적용해 왔다. 아직 어린 나이의 유치원생이든 그보다 더 높은 학년의 아이든 이제 아이가 무엇을 원하는지 지금부터 관심을 갖고 지켜봐주자. 그 관찰을 기반으로 아이의 의견을 진지하게 물어보고, 아이 스스로 결정 내리도록 도와주자. 이때 부모가 보내는 무한한 신뢰는 아이가 주체적으로 결정한 것을 끝까지 밀어붙이도록 돕는 든든한 응원군 역할을 할 것이다.

나는 아이가 어떤 부분에서 도움이 필요하다고 요청할 때에만 학원을 등록해주었다. 그것도 바로 결정하는 것이 아니라 그 학원을 다녀서 얻고자 하는 목표가 무엇인지 구체적으로 질문했다. 아이가 대답하지 못하면 공부에 대한 불안감을 채우려는 것이라고 판단하고 그 목표가 명확해질 때까지 학원 등록을 보류했다. 그렇게 뜸을 들이면 아이는 스스로 애가 닳아서 학원을 꼭 다녀야 하는 명분을 충분히 고민한 후에 찾아왔다. 목표가 명확해진 뒤 학원을 등록해주면 아이는 고마워하면서 주도적으로 열심히 공부하는 모습을 보였다. 물론 아이마다 성향이 다르고 추구하는 방법도 다르다. 하지만 어떠한 경우라도 분명한 것은 이것이다. 엄마가 도와주겠다는 의지를 보이며 지나치게 참견할 때, 아이는 스스로 배울 수 있는 기회를 빼앗기게 된다는 점이다. 나폴레온 힐은 "노력하지 않고 얻은 모든 재능은 축복이 아니라 저주가 될 수 있다."고 경고했다. 아이가 크고 작은 시련을 통해 스스로 배울 수 있는 능력이야말로 미래를 헤쳐 나가는 데 꼭 필요한 매우 중요한 자산이다. 아이에게 이러한 배움의 기회를 과감하게 허용할 수 있는 인내심은 부모 자신에 대한 믿음과 자녀에 대한 신뢰에서 출발한다.

아이는 이미 그 자체로 아름다운 완벽한 존재다.

아이가 자신을 남과 비교하며 불행한 삶을 살기 바라는 부모는 없다. 이제 어떠한 상황에도 스스로 배우며 성장하는 아이로 자라기 바란다면 아이를 믿는 것에서부터 출발하자.

아이가 원하는 것을 이미 이뤘다고 굳게 믿고, 아이의 성공한 미래 모습에서 편안하게 현재를 바라볼 수 있는 흔들리지 않는 부모의 시선을 갖도록 하자.

부모가 믿어주는 만큼 아이는 믿을 만한 사람으로 자란다.

05

엄마의 꿈이
대한민국을 변화시킨다

✦✦✦✦✦✦✦✦✦✦✦✦✦✦✦✦✦✦✦✦

"누군가 한 명이 지켜준다는 그 사실만 깨달으면 사람은 변합니다. 힘이 생기고, 죽어가던 꽃이 살아납니다."

- '꿈은 이루어진다' 유지성 -

초등학교 아이들이 꿈에 대해 발표하는 수업 시간이었다. 아이들 대부분이 사업가, 과학자, 선생님이라고 대답할 때 "제 꿈은 미국의 대통령이 되는 것입니다."라고 대답한 소년이 있었다.

아이들은 키득키득 웃으며 "흑인이 어떻게 미국의 대통령이 된다는 거야?"라며 놀리기 시작했다. 하지만 소년은 주눅 들지 않았다. 소년의 어머니는 "피부색 때문에 불가능한 건 없어. 때로는 역경이 따르겠지만 할 수 있다고 믿으며 최선을 다하면 반드시 이루어진단다."라며 아들을 격려했다. 어머니는 약한 사람이 괴롭힘당하는 것을 보면 불같이 화를 냈다. 부당한 것은 참지 말고 변화시켜야 한다는 열망을 아들에게 심어준 것이다. 소년은 피부색으로 차별받지 않는 나라를 만들겠다는 마음으로 불타오르며 미국 대통령이 되는 꿈을 가슴에 품었다. 그 소년은 미국 최초 흑인 대통령이 되었다. 바로 버락 오바마의 이야기다.

오바마의 어머니는 백인이었지만 케냐 출신 남편에 대한 깊은 존경심을 갖고 있었다. 아버지는 케냐정부 개혁을 위해 큰일을 하는 훌륭한 분이라고 칭찬하며, 아들이 아버지와 아버지의 조국인 케냐에 강한 자부심을 갖도록 했다. 그녀는 미국 절반의 지역에서 흑인과 백인의 결혼을 금지하던 시대에 열여덟 살의 나이로 케냐 출신 흑인 남성과 결혼했다. 약자가 차별받는 것을 끔찍하게 싫어했던 어머니의 영향을 받아 오바마는 피부색으로 차별받지 않는 나라를 만들겠다는 미국 대통령의 꿈을 가슴에 품을 수 있었다.

참으로 감동적인 이야기이자 실화이고 우리 모든 엄마의 본보기가 아닐 수 없다. 분명 아이가 큰 꿈을 가슴에 품을 씨앗을 찾는 일에 있어 엄마의 철학은 중요하다. 어린아이라도 현실에서 겪고 있는 불편함과 부당함에 의문을 갖고 이를 해결하고 싶다는 열망을 품도록 이끌어 주기 때문이다.

오바마의 어머니가 흑인이 차별받는 현실은 당연한 것이며 어쩔 수 없는 상황이니 감내해야 한다고 아들을 위로했다면 그가 '미국의 인종차별 극복'이라는 비전을 가슴에 품을 수 있었을까? 오히려 오바마의 어머니는 백인과 흑인은 동등하다는 신념을 행동으로 보여준 사람이었다. 오바마가 약한 사람들이 괴롭힘 당하는 모습을 보고도 못 본 체하기라도 하면 어머니는 크게 화를 내며 이런 상황은 문제이며 고쳐야 할 일이라 아들을 가르쳤다.

"아들아, 넌 누구냐? 너는 세상에 무엇을 줄 수 있느냐?" 세계은행 총재 김용의 어머니가 한 질문. "세계의 문제가 바로 네 문제다. 위대한 것에 도전하라."라는 말로 마틴 루터킹 같은 위대한 철학자를 본받을 수 있도록 이끈 질문이다.

이러한 어머니의 세계관은 그의 교육 방침에 고스란히 녹아 있다. 그는 학생들을 가르칠 때마다 "개인의 영위를 위한 공부에 그치지 말고 살기 좋은 세상으로 변화시키는 미래의 리더가 되어야 한다."고 강조했다. 학생들이 넬슨 만델라, 버락 오바마, 마틴 루터킹, 달라이 라마, 폴 파머를 본받아 미래에 대한 비전을 크게 확장하기를 희망했다.

그는 유에스뉴스 앤 월드포트(US News & World Report)가 뽑은 '미국의 최고 지도자 25인'과 〈타임〉이 선정한 '전 세계에 가장 영향력 있는 100인'에 당당하게 이름을 올렸다. 이 결과는 세계관을 품고 있던 엄마의 교육 철학이 아이에게 얼마나 중요한 영향을 미치는지 깨닫게 한다.

티베트의 종교지도자 달라이라마는 '바른 눈(正見)'을 '바른 일(正業)'로 이어갈 수 있는 사람만이 리더가 될 수 있다고 했다. 올바른 일을 올바른 방법으로 실천하는 사람이 리더라는 가르침이다.

앞서 소개했던 아들 준수는 왜 어떤 나라는 부자고 어떤 나라는 가난한지, 어떤 사람은 엄청난 부를 거머쥐고, 어떤 사람들은 계속 가난하게 사는지에 끊임없는 관심과 호기심을 나타냈다. 특히 각 국가들의 세계 경제 순위가 산출되면 관심 있게 그 순위 변화를 지켜본다. 그러면서 후진국이라 생각했던 브라질과 멕시코가 왜 우리나라보다 경제 순위가 높은지 의아해했다.

이러한 관심은 궁극적으로 우리나라가 어떻게 하면 더 잘사는 나라가 될 수 있는지에 대한 넓은 관심으로 이어지게 만들었다.

나 역시 현재 대기업 위주로 쏠려 있는 산업 구조를 좀 더 건전하게 변화시키는 데 일조하고 싶다는 꿈을 아이들과 공유했다. 새로운 아이디어를 가진 사람 누구나 그 아이디어를 쉽게 사업화시켜 새로운 부가 창출되도록 돕고 싶다고 전했다. 그런 나의 꿈을 들려주면 아이들은 나와 함께 기분이 들떠 얼른 그런 시대가 왔으면 좋겠다고 응원해 준다. 엄마가 이번 주에 검토했던 새로운 스타트업의 모바일 앱을 소개하면 아이들은 '완전 인기를 끌 것 같다. 사람들이 안 쓸 것 같다.'며 디지털 원주민(Digital Native, 디지털기기를 태어나면서부터 자연스럽게 접함으로써 자유자재로 사용하는 세대를 지칭)으로서 본인들의 의견을 들려준다.

딸은 자신의 꿈 중 하나인 베스트셀러 작가가 되는 경험을 먼저 해보고 싶다면서 초등학교 때 첫 책을 출판하는 것에 도전하고 있다. 본인의 〈이루고 싶은 꿈, 버킷리스트〉에 대해 책을 내겠다며 목차와 콘셉트를 잡고 있는 중이다. 엄마가 '꿈의 신전'에 언제까지 책을 몇 권 출간하겠다고 적은 뒤 시간 날 때마다 책을 집필하는 것에 자극을 받았는지 자신도 첫 책을 집필하겠다고 선언하고 바로 실행하고 있다. '생각하는 대로 종이에 쓰고, 생생하게 상상하며, 끊임없이 노력하면 꿈은 반드시 이뤄진다.'는 엄마의 꿈 주문 소리에 자극을 받았는지 하나씩 따라하면서 행복해하고 있다. 딸은 자신의 첫 번째 책을 기획하면서 '더 넓은 세상을 위해 봉사하기'라는 새로운 항목을 자신의 버킷리스트에 올렸다. 이전에 없었던 항목이 추가된 이유가 궁금해 그 이유를 물었다.

"엄마, 최근에 제 꿈을 설정하고 저의 첫 번째 책을 기획하면서 좀 더 많이 생각해보게 되었어요. 제 꿈이 베스트셀러 작가이자 국문과 교수이고, 더 나아가 노벨문학상 수상자가 된다면 정말 기쁘겠다는 생각이 들면서도 뭔가 마음이 허전한 걸 느꼈거든요. 그래서 왜 그럴까 깊이 생각해 보았다가, 조건 없이 봉사하고 나누는 사례를 볼 때마다 기분이 너무 좋아진다는 걸 알게 됐어요. 그래서 제 버킷리스트에 '봉사'라는 키워드를 넣게 되었어요."

아이들이 꿈을 설정한 이후부터 매일 의미 없이 반복되던 일상이 자신의 꿈을 더 구체화하고 더 넓은 세상을 바라볼 수 있는 소중한 기회들로 바뀌고 있다. 나는 단지 '꿈'이라는 키워드 하나만 던졌을 뿐인데 아이들이 스스로 '자신의 꿈'을 정의하고 생각만 해도 설레는 꿈 주변을 맴돌며 자신만의 의미 사슬을 만들어 가고 있는 것이다. 엄마가 새벽 4시에 일어나 꿈을 향해 노력하는 모습을 지켜보면서 아이들도 어느새 자신의 꿈을 향한 힘찬 여정을 시작하고 있었다.

나는 오늘도 꿈을 꾼다. 우리나라의 모든 사람들이 숨을 쉬듯 당연하게 꿈꾸는 미래를.

우리 모두가 더 나은 미래를 향한 소망을 가슴에 품고 자녀에게 부모의 꿈을 얘기하고 실행방법을 대물려 전수하는 그날을.

대한민국은 생각하는 대로 모두 이루어 가는 어마어마한 꿈 산출국이 되고 우리 자녀들은 좀 더 풍요로운 세상을 살아가는 그 찬란한 미래를 꿈꾼다.

이러한 가슴 뛰는 대한민국의 변화 과정에서 나와 아이들이 꿈을 선언하고 가족이 함께 그 방향으로 뛰어가고 있는 것에 자부심을 느낀다. 엄마와 아이들이 함께 꿈을 꾸고 실현해 가는 세계에서 유일한 나라, 대한민국의 미래에 희망을 느낀다.

나와 아이들은 가슴에 꿈을 품은 희망의 역군으로 그 소임을 다한다는 즐거운 사명으로 오늘도 꿈을 향해 앞으로 나아간다.

06
인생의 소명을 찾은 아이는 눈빛이 다르다

"이만하면 됐어. 충분해, 다음에 하자!
이런 유혹에 포기하고 싶을 때가 있다. 하지만 이때 포기한다면 안 한 것과 다를 게 없
다. 이 순간을 넘어야 다음 문이 열린다. 그래야 내가 원하는 세상으로 갈 수 있다."
- 피겨여왕 김연아 -

"그의 눈에서 배고픔과 절박함이 보였어요. 실력보다 열정이 보였지요. '아… 이거 아니면 죽겠구나.' 그런 생각이 들었어요." 박진영이 세계적인 월드스타 가수 비를 오디션 봤던 당시를 회고한 말이다. 비는 번번이 기획사 오디션에 떨어졌고 박진영이 대표로 있는 JYP 엔터테인먼트에서 마지막 오디션을 보게 되었다. 그는 여기가 아니면 끝이라는 절박한 심정으로 다섯 시간 동안 한 번도 쉬지 않고 죽을힘을 다해 춤을 췄고 박진영은 그 열정에 감동해 그를 선발했다.

성공한 사람들을 보면 목표한 것을 끝까지 이뤄내고야 말겠다는 강인한 의지를 모두 갖고 있다. 거기에 처절함이 묻어나는 투지로 빛나는 눈빛도 갖고 있다. 남들 눈에는 엄청난 시련인데 정작 본인들은 눈 하나 깜짝하지 않고 디딤돌로 여기는 강인함을 보이기도 한다. 그리고 마침내 성취해내고 만다.

피겨여왕 김연아는 매 경기마다 주제곡에 어울리는 탁월한 눈빛 연기로 찬사를 받는다. 고난도 점프 기술을 보유한 것도 중요한 성공 요인이지만, 한 편의 드라마를 보는 듯 다양한 주제곡에 맞춰 연출되는 강렬한 눈빛 연기는 노련미와 카리스마를 여지없이 보여준다. 그녀의 연기는 눈을 뗄 수 없을 만큼의 강렬함으로 모두를 압도하며 감동까지 더해준다.

그 이유를 그녀의 글 한 자락에서 찾을 수 있다.

"훈련을 하다보면 언제나 한계가 온다. 어느 땐 근육이 터져버릴 것 같고, 어느 땐 숨이 목 끝까지 차오르며, 어느 땐 주저앉고 싶은 순간이 온다. 이런 순간이 오면 가슴이 말을 걸어온다. '이만하면 됐어. 충분해, 다음에 하자.' 이 유혹에 포기하고 싶을 때가 있다. 하지만 이때 포기하면 안한 것과 다를 게 없다. 이 순간을 넘어야 다음 문이 열린다. 그래야 내가 원하는 세상으로 갈 수 있다."

딸의 친한 친구 중에 언제나 1등을 하는 모범생이 한 명 있다. 딸은 이 친구와 단짝 친구이기도 하면서 경쟁의식을 갖고 서로를 발전시키는 좋은 관계를 맺고 있다. 하루는 딸이 이번 시험에는 그 친구를 꼭 이겨보겠다며 정말 열심히 공부하기 시작했다. 하지만 그 친구는 다른 아이들과 높은 격차로 또다시 1등을 차지했다. 딸은 바짝 약이 올랐는지 며칠 동안 풀이 죽은 채로 지냈다. 그러던 어느 날 딸아이가 그 친구의 공부 비법을 알게 됐다며 흥분했다.

"엄마, 지원이가 왜 항상 반에서 1등인지 알았어요! 지난번 시험 후에 도대체 그 비법이 뭘까 정말 궁금했는데, 드디어 그 비밀을 오늘 알게 되었어요. 제가 며칠 동안 그 친구를 주의 깊게 관찰했거든요. 그런데 그 친구는 수업 시간에 눈도 깜빡거리지 않고 선생님을 완전히 집중해서 쳐다보고 있었어요. 선생님이 숨 쉬면 같이 숨 쉬고, 선생님이 움직이면 그 쪽으로 그림자처럼 시선이 따라가고, 선생님이 필기하면 그때 필기하면서요. 수업 시간에 그 친구 눈빛이 정말 보석처럼 반짝반짝 빛났어요. 그런데 신기하게 선생님도 그 친구만 쳐다보면서 가르치는 거예요. 마치 교실에 선생님과 그 친구 단둘만 있는 느낌이었어요."

딸은 이제부터 그 친구를 따라 하겠다며 이내 학업에 대한 의지를 불태웠다. 나는 방법을 스스로 찾아가는 딸이 대견했다.

"엄마 지원이는 선생님이 되고 싶대요. 그래서 선생님을 그렇게 좋아하면서 그대로 따라 했구나! 알겠더라구요. 저도 선생님부터 좋아해야겠어요."라며 비결을 발견한 듯 기뻐했다.

딸 친구의 꿈은 선생님이었다. 그러니 매 수업 시간에 선생님의 일거수일투족을 놓치지 않고 반짝거리는 눈으로 선생님의 모든 것을 머릿속에 담고 있던 것이다. 이렇게 명확한 꿈이 있는 아이는 매순간 살아가는 태도가 다르고 눈빛에서조차 그 차이가 확연히 느껴진다.

작년 여름. 나도 내 아이들의 가슴 설레는 꿈을 찾는 과정에 매진했었다. 당시 내 역할은 진짜 꿈과 가짜 꿈을 구별할 수 있게 도와주는 역할이었다. 우선 꿈의 단초를 찾기 위해 질문을 계속 던졌다. "네가 잘하는 일은 무엇이니?", "좋아하는 일은?", "앞으로 하고 싶은 일에는 어떤 것들이 있니?"

여기까지 물어보면 하고 싶은 목록이 꽤 쏟아져 나온다. 이때 진짜 꿈을 파악하기 위해 꼭 던져야 하는 질문이 의미에 대한 질문이다. 부자가 되는 것을 원한 아들에게 '네가 돈을 많이 벌어서 세상에 가져다주는 의미가 무엇인지'를 물었다. 돈을 왜 많이 벌고 싶은지 그 이유를 깊이 생각해본 적이 없었던 아들은 바로 대답을 할 수 없었다. 나는 그 답을 찾기 위해서 롤모델이 될 만한 인물을 찾아 말해주며 그들을 연구해보고 너만의 답을 찾으라고 조언해 주었다. 책 읽기와 무언가 가르쳐주는 것을 좋아하는 딸은 작가와 교수를 원했다. 나는 딸에게도 질문을 던졌다.

"네가 책을 쓰고 학생들을 가르치는 일이 세상에 주는 의미는 무엇이니?"

딸은 대학 교수가 되면 학생들에게 존경받고 부모님도 기뻐하실 것 같아 꿈으로 정했다고 했다. 나는 '남에게 보여주는 이유가 아니라 정말로 그 꿈을 통해 세상에 어떤 영향을 미치고 싶은지' 다시 질문했다. 질문의 의미가 조금은 어려울 수도 있었을 것이다. 하지만 진짜 꿈을 찾게 해주는 일은 몇 번이고 다시 물어서라도 분명히 해야 할 중요한 문제였다. 딸은 며칠을 고민하더니 노벨문학상 수상자가 되서 한국 문학의 우수성을 전 세계에 널리 알리고 싶다며 자신의 꿈이 갖는 의미를 설명했다. 딸은 더 나아가 어떤 사람으로 기억되길 원하는지 정리하며 아래 선언문을 작성했다.

'나는 국문과 교수로서 우리나라 글의 우수성을 전 세계에 알렸다. 학생들에게 국문학을 가르치며 세계적인 베스트셀러를 출간하는 작가가 되어서 정말 기쁘다. 나는 한국인 최초로 노벨문학상을 수상하는 영광도 누렸다. 매 순간 나의 시간을 소중한 꿈을 이루는 데 쓸 수 있어서 정말 기쁘다. 나는 어릴 적부터 책을 좋아했다. 그때부터 갖게 된 나의 꿈을 이루면서 참으로 행복한 삶을 살고 있다.'

아이들이 본인이 꿈을 찾게 된 후 나타난 큰 변화는 확연히 달라진 눈빛이었다. 최근에 아이들과 함께《당신은 드림워커입니까》와《미친 꿈에 도전하라》저자이며 동기부여가인 권동희 작가의 '1일 드림워커 세미나'에 같이 참여할 기회가 있었다. 참석자들이 한 명씩 나와 자신은 어떤 꿈을 가지고 있는지, 그 꿈을 가지게 된 이유가 무엇인지, 오늘 세미나에 참석한 목적이 무엇인지에 대해 발표하는 시간이 있었다.

아이들은 처음에 부끄러워 머뭇거렸지만 자신들 차례가 돌아오자 곧 자기 꿈을 소개하기 시작했다. 분명 아이들의 눈빛은 변해 있었다.

꿈을 가진 아이는 정말 그 눈빛부터가 다르다.

07

행복한 엄마가
행복한 아이의 거울이다

"행복은 '무엇'이 아니라 '어떻게'의 문제다. 행복은 대상이 아니라 재능이다."
—헤르만 헤세—

히틀러의 광란의 독재로 암울했던 시대에 독일의 시인이자 소설가였던 헤르만 헤세는 《유리알 유희》라는 작품으로 노벨문학상을 수상했다. 암흑시대에 평화와 자유의 유토피아 작품 세계를 창조했던 헤르만 헤세는 "행복은 '무엇'이 아니라 '어떻게'의 문제다. 행복은 대상이 아니라 재능이다."라는 명언을 남겼다. 현실을 참담하게 지배했던 독재 시대 고통의 상황에서도 삶을 어떻게 해석하느냐에 따라 누구나 행복을 창조할 수 있는 재능을 갖고 있다는 것을 보여주었다. 나는 어떤 상황에서도 인간은 행복을 느낄 수 있는 자주적인 관점을 갖고 있다고 생각한다. 그래서 이 말의 의미를 실제 행동으로 실험해보기로 했다. 행복해서 웃는 것이 아니라 웃어서 행복해진다는 말을 따라 해본 것이다.

우선 얼굴 근육을 웃는 모양으로 만들어보았는데 정말 어떤 상황에서도 기분이 좋아지는 것을 느꼈다. 이후로는 긴장을 하거나 두려운 순간에도 얼굴을 활짝 웃는 형태로 만들면서 감정의 긍정적인 변화를 즐기기 시작했다.

커뮤니케이션과 리더십 전문가 미셸 레더먼의 저서 《우리는 어떤 사람에게 끌리는가》를 보면 인상적인 사례가 나온다. 미셸의 아버지는 자녀들에게 "세상은 거울이다."라는 말을 즐겨 했다고 한다. 당시 어린아이였던 그는, 그 말의 의미를 충분히 이해할 수 없었다. 그러던 어느 날 아버지는 거울 앞에 미셸을 세워놓고 웃어 보라고 했다. 거울 앞에서 선 미셸이 웃음을 지어 보였다. 그랬더니 거울 속의 소녀도 환한 웃음을 지었다. 이내 아버지는 "이제 찡그려보렴."이라고 했다. 미셸이 이번에는 짜증 섞인 표정을 짓자, 거울 속 소녀도 똑같은 불쾌한 표정을 지어 보였다. 미셸을 무릎에 앉힌 아버지는 "네가 세상에 보여준 대로 세상은 네게 되돌려 준단다. 네가 꽃피운 열정을 세상이 그대로 돌려주고, 네가 나눠준 생각들도 다시 네게로 되돌아오는 법이야."라고 설명했다. 그날을 계기로 미셸은 자신이 세상에 주는 만큼 받는다는 진리를 명확하게 깨달았으며 실제로 살아가면서 세상이 그렇게 작동하는 것을 확인할 수 있었다.

'네가 행복을 느끼는 만큼 세상으로부터 돌려받는다.'는 진리를 이보다 더 쉽게 전달할 수는 없을 것이라는 생각이 든다. 그래서 나도 똑같은 방법으로 아이들에게 가르쳐주기로 했다. 아들과 딸을 한 명씩 거울 앞에 세워 놓고 미셸 레더먼의 아버지가 했던 것을 똑같이 따라했다. 아들은 이 말을 가슴으로 느낀 듯 오묘한 표정을 지었고 딸은 엄마가 근래에 해준 말 중에 최고의 명언이라며 자신의 다이어리에 날짜와 함께 의미를 적어놓았다.

내가 가슴 설레는 꿈을 찾고 난 후부터는 삶의 전체적인 행복지수가 높아져 밝은 표정을 자주 짓게 된다. 꿈을 찾았다는 사실만으로 이 세상에서 내가 꼭 해야 할 과제를 깨달았다는 충만한 기분이다. 이제 그 방향으로 가기만 하면 되니, 평안한 마음에서 비롯된 안정된 감정이 느껴진다. 이렇게 내면으로부터 자연스럽게 흘러나오는 행복한 감정이 아이들에게도 큰 영향을 미쳤을 것이라 생각한다. 내가 먼저 아이들에게 웃는 모습과 긍정적인 진동을 전하니, 아이들도 전염돼 표정이 한층 밝아졌다. 최근 엄마에게 끊임없이 뿜어져 나오는 행복 에너지의 근원에도 관심이 더 커져 갔다. 그래서 아이들은 엄마의 책상 주변을 끊임없이 어슬렁거린다.

인간은 본능적으로 긍정과 행복을 원하게 돼 있다. 갈망과 동시에 그 근원에 다가가려는 움직임을 보인다.

나의 첫 책《행복은 생각보다 가까이에 있다》에서 나는 행복과 관련된 두 가지 질문에 해답을 찾고자 노력했다. 첫째는 '왜 사람들이 느끼는 행복의 정도가 다른지'였다. 둘째는 '목표를 세우고, 열심히 노력하고, 원하는 것을 이뤘어도 공허함을 느끼는 이유가 무엇인가'에 대한 것이었다. 그 두 가지 주제에 해답을 찾기 위해

각고의 노력을 했는데, 내가 책에 남긴 답은 이랬다.

첫째, 행복은 내가 존재하는 이유를 발견하는 과정에 있다. 이것은 '의미 있는 삶'을 살아가게 하는 근원적인 역할을 한다. 행복의 출발점은 이 세상에서 나에게 주어진 소명을 정의하고 가슴으로 깨닫는 것이다. '나는 무엇을 위해 살아가는지' 스스로에게 질문하는 과정에서 행복을 인지할 수 있는 첫 단추를 끼게 된다.

둘째, 행복은 내가 가고자 하는 방향을 설정하는 과정에 있다. 이것으로 우리는 '방향 있는 삶'을 살 수 있다. 내 인생의 최종 목표 지점을 확인하고 어떤 방향으로 향할 때 그 목표에 도달할 수 있는지 파악하는 과정에서 행복의 궤도에 오르게 된다.

셋째, 행복은 원하는 방향으로 조금씩 나가는 과정에 있다. 이것은 '발전 하는 삶'을 살아가는 것을 의미한다. 어제보다는 오늘, 오늘보다는 내일 조금이라도 내가 원하는 방향으로 나가고 있음을 온전히 느끼는 것, 이것이 바로 행복이다.

넷째, 행복은 매 순간을 온전히 느끼며 감사하는 과정에 있다. 이것은 '감동 있는 삶'으로 이어진다. 오늘 하루 소명으로 즐겁게 이룬 크고 작은 성과들과 내가 만난 소중한 사람들을 떠올리며 모든 것에 진심으로 감사하면 진정한 행복을 만끽하게 된다.

다섯째, 나와 함께 가는 사람들과 소통하는 과정에 있다. 즉 사랑이 충만한 '나눔 있는 삶'을 의미한다. 자신의 소명에 정확히 조준되어 살아가는 사람들은 유쾌한 행복 리듬이 항상 함께한다. 사랑하는 이들과 긍정 리듬에 맞춰 함께 춤을 추듯 즐겁게 소통하며 서로를 성장시키는 행복을 키워 나간다.

나는 '의미 있는 삶'이라는 첫 번째 관문을 통과했다. 내가 이루고 싶은 꿈과 그 의미를 알았고, 목표를 완성한 후 얻을 변화를 명확히 상상할 수 있게 되었기 때문이다. 결국 그 방향에 맞는 삶을 살기 시작했으니 '방향이 있는 삶'인 두 번째 관문도 통과한 셈이다.

그리고 매일을 나와 함께할 파트너들과 성장하고 있으니 '발전하는 삶'을 살아가고 있다. 오늘 하루 동안 내 꿈과 관련한 일을 하나라도 더 이루었다면, 내 꿈과 관련된 인물을 한 명이라도 더 알게 되었다면 나는 분명히 꿈의 방향으로 전진한 하루를 살아간 것이다.

그렇게 하루를 살았으니, 자연스럽게 감사한 일투성이다. 수많은 감사와 감동이 쏟아진다. 이른 아침 설정했던 목표가 뜻밖의 도움으로 쉽게 이뤄지거나 계획 모두를 실행하지 못했어도 해결 방법을 알게 되었으니 감사할 일은 셀 수 없이 많아진다. 세상이 온통 감사할 거리로 넘쳐나는 축복의 보물창고가 된 느낌이다. 그리고 그 모든 사람들과 '나눔이 있는 삶'을 살아간다.

엄마가 행복하면 아이들도 엄마의 행복에 취하게 된다. 엄마가 꾸는 꿈을 동경하게 되고 엄마처럼 행복한 사람이 되고 싶어한다. 아이들도 가슴 깊숙이 평생을 바쳐 헌신하고 싶은 꿈을 소망하게 된다. 행복한 엄마의 모습이야 말로 행복한 아이의 미래 모습을 비춰주는 거울이다.

08
필요보다
필수가 되는 '동지'와 '조력자'

◆◆◆◆◆◆◆◆◆◆◆◆◆◆◆◆◆

"꿈을 밀고 나가는 힘은 이성이 아니라 희망이며 두뇌가 아니라 심장이다."
-도스토예프스키-

나는 이 문장이 꿈을 찾게 된 이후 나의 변화를 정확히 표현한 말이라 여겨진다. 꿈을 설정한 후에 내 생활은 정말 바빠졌다. 원래 하던 회사 업무도 열정적으로 매진하고 있는데다 내 평생 이루고 싶은 꿈을 찾아 두 개의 수레바퀴를 돌리고 있기 때문이다. 그동안 진행하고 있던 삶의 속도는 그대로 유지하면서 미래로 내 삶의 무게중심을 서서히 이동하는 일을 시작했으니 최소한 두 배는 바빠진 느낌이다.

꿈을 찾은 이후 나는 기존에 가입되어 있던 '플랫폼 전문가 그룹(Platform Advisory Group)'의 정규 미팅에도 좀 더 적극적으로 참여했다. PAG에는 스타트업을 자문해주는 IT 전문가들이 많이 가입되어 있었다. 2008년에 미국 실리콘밸리에서 창업가들의 뜨거운 열정에 크게 영향을 받은 이후 멈춰 있었던 스타트업 컨설팅 경력을 다시 되살리기로 했다. 그렇게 내가 적극적으로 PAG 모임에 기여하고 싶다는 의사를 표현하자 1박 2일 운영진 워크숍에 초대되었다. 그동안 멤버들의 실적을 공유하고 향후 계획을 논의하면서 나의 꿈이 PAG의 궁극적인 방향과 매우 유사하다는 것을 알게 되었다. PAG야말로 나의 꿈을 이루기 위해서 꼭 필요한 파트너라는 사실을 선명하게 깨닫는 순간 내 가슴은 크게 요동치기 시작했다. 내가 설립하고자 하는 '미래혁신 창업재단'에도 스타트업에게 기술과 사업적인 측면을 해줄 수 있는 전문가 집단이 꼭 필요하다. 그런데 이미 PAG는 '플랫폼 기반 정보통신기술 생태계 활성화'를 목적으로 기술 기반 사업 전문가들의 네트워크를 구축해 적극적으로 활동하고 있었다.

PAG의 신규 운영진으로 자기소개 시간이 주어졌을 때 나는 미리 준비해 간 나의 꿈에 대해서 열정적으로 발표했다. PAG 운영진들은 나의 꿈 스토리를 들으면서 본인들이 지금까지 하고 있던 일이 얼마나 의미 있는 일인지 다시 한 번 돌아볼 수 있는 시간이 되었다고 했다. 현재의 척박한 한국 창업 환경에서 우후죽순으로 생겨나고 있는 신생업체들의 사업 성공률은 터무니없을 정도로 낮다. 그래서 기존의 PAG 운영진들은 스타트업 회사들을 위한 자문 역할을 하면서도 큰 보람과 성취를 느끼기 힘들었다고 했다. 그러나 나의 꿈 스토리를 들으며 스타트업 회사의 생존율과 성장률을 높여주는 PAG의 역할이 대한민국의 미래를 위해서 얼마나 중요한 일인지 그 의미를 새삼 깨닫게 됐다는 것이다.

그래서 '미래혁신 창업재단'을 통해 대한민국의 상상력을 경제화하는데 일조하겠다는 나의 꿈에 PAG 멤버들이 크게 공감하며 보다 더 적극적으로 사업을 전개하자는 새로운 결의를 다지게 되었다. 그렇게 내가 품은 꿈에 대한 동기와 열정은 그날 참석한 PAG 운영진에게 그대로 전파되었다. 그 후 IT 전문가로서 가볍게 만나 서로의 지식을 공유하던 기존의 모임을 확장해 PAG&파트너스라는 법인을 설립하고 본격적으로 국내 벤처 생태계를 돕는 일이 시작됐다. 감사하게도 나는 이 법인의 파운더이자 책임 파트너로 적극적인 참여 기회를 얻게 되었다.

나는 이 일을 계기로 더욱 분명하게 느꼈다. 꿈을 열정적으로 공유하기만 해도 마음속에 같은 목적을 품은 사람들에게 서로 크게 영향을 미친다는 사실을 말이다. 그날의 워크숍은 나의 꿈이 다른 사람의 가슴에도 열정이 활활 끓어오르도록 만들 수 있다는 사실을 깨닫게 했다.

특히나 사회를 보다 이롭게 하겠다는 뜻을 갖고 있다면 서로를 자극해 엄청난 전파력으로 확산된다는 사실도 새삼 깨달을 수 있었다.

재밌는 것은 이런 나의 열정이 지금 회사에까지 전파되고 있다는 사실이다. 내 주요 업무는 100년 넘는 역사를 가진 소비재 회사를 미래 트렌드에 맞는 사업 모델로 혁신하는 일이다. 이 업무를 수행하려면 어떤 유망 기술의 적용이 가능한지 끊임없이 탐색하며 적합한 기술이나 신규 사업모델을 검토하는 과정이 필요하다. 이렇게 신규 사업모델을 지속적으로 탐색하는 현재의 업무는 '미래혁신 창업재단장'이라는 나의 꿈을 이루는데 매우 소중한 경험이다. 역으로 나의 명확한 꿈이 현재 직장 업무에 도움을 주는 경우도 많다. 미래의 꿈을 위해 만나는 다양한 스타트업 회사들과 자연스러운 인맥을 통해 좀 더 혁신적인 사업모델을 제안 받을 가능성이 높아지기 때문이다. 장기적인 비전과 소명 의식으로 회사의 사업 영역과 딱 맞아 떨어지는 기술이나 사업모델을 탐색하면 훨씬 효과적으로 최적의 스타트업 파트너를 선정할 수 있다.

지금 나는 현재와 미래라는 두 개의 수레바퀴를 동시에 돌리는 바쁜 상황에서도 정말 행복하다. 현재와 미래가 상호 선순환을 그리면서 내 인생의 궁극적인 빅 픽처에 필요한 조각들을 하나씩 완성한다는 기분에 매일 즐거운 마음으로 회사 업무를 하고 있다.

그렇게 같은 진동을 가진 사람들이 함께 그리는 꿈은 진행하는 과정에서 같은 방향으로 진동하며 서로에게 힘을 더해준다. 또한 각자의 꿈 조각들이 완성돼 가는 과정을 전체적으로 조망하며 서로의 꿈이 더욱 공고해져 가고 있음을 함께 느끼게 된다.

사랑에 빠진 사람을 쉽게 알아차릴 수 있듯 꿈을 품은 사람도 그 열정 온도 때문에 단번에 서로를 알아본다.

당신도 꿈을 가지면 매일 만나는 사람들에게 당신의 꿈을 열정적으로 나누게 될 것이다. 또한 같은 진동 주파수를 가진 사람을 발견하면 그들과 함께 꿈을 키워 나갈 것이다. 꿈은 마치 활활 타오르는 불과 같다. 함께 나눌 때 꿈의 크기는 더욱 커지고 꿈의 온도는 더 뜨거워진다.

4장

행복은 생각보다 가까이에 있다

01

세상을 다 가질
큰 꿈을 꾸게 하라

"나는 가슴이 이끄는 대로 살고, 새로운 것에 도전하며, 상상한 것을 실현한다.
내 꿈과 열정에 솔직한 것, 그것이 내 삶이고 경영이다."
- 《내가 상상하면 현실이 된다》 리처드 브랜슨 -

가까운 곳만 보니까 멀미를 하는 것이다.
갈피를 못 잡을수록 멀리 보자.
배 앞을 보면 멀미가 나지만, 몇 백 키로미터 앞을 보면 바다는 잔잔하다.
일본 소프트뱅크 손정의 회장의 조언이다. 그는 재일교포 3세로 번지수도 없는 불법주거 판자촌에서 태어났다. 한국인에 대한 차별이 심했던 시기로 현실에 심한 열등감을 느끼며 가짜 일본 이름 뒤에 숨어 지냈다. 그러다 고등학교 1학년 여름방학 때 미국 버클리 대학으로 영어 연수를 떠나게 되었다.
"처음에 봤던 캘리포니아 하늘이 어찌나 푸른지 재일 한국인이라는 고민이 순식간에 날아갔어요. 처음 보는 흑인과 멕시코 사람 모두 태연한 얼굴로 걷고 있었어요. 그때까지 고민으로 끙끙대던 제 자신이 갑자기 바보 같다는 생각이 들었죠."

손정의는 당시 미국의 첫 인상을 "정말 크고 힘이 넘치고 세계에서 문명이 가장 발달한, 한마디로 빛이 나는 나라처럼 느껴졌다."고 회고했다. 그렇게 미국이라는 경제 부국에서 새로운 희망을 발견한 그는 미국 유학을 결심했다. 당시 아버지가 갑자기 각혈로 쓰러져 병원에 입원하면서 큰 형이 고등학교를 중퇴하고 돈벌이에 나서는 등 집안에 큰 위기가 발생했다. 하지만 손정의는 이럴 때일수록 일시적인 대안보다 장기적인 솔루션을 찾아야 한다며 그 다음해 2월 과감하게 미국으로 유학을 떠났다. 가족과 친구들 모두로부터 '제 살길만 찾는 냉정한 녀석'이라는 비난이 쏟아졌다.

"의사 선생님께 여쭤보니 아버지 안 죽는대요. 앞으로 몇 년 만 생각하면 여기 있어야겠지만 몇 십 년을 생각하면 가족과 저 자신을 위해서라도 인생을 바칠 일을 찾아야 합니다. 전 떠날 거예요. 미국에서 사업거리를 찾아 일본으로 돌아와 사업을 할 겁니다. 이것이 가족을 살리는 길입니다. 손정의라는 한국 이름으로 일본 제일의 사업가가 되어 모든 인간은 똑같다는 것을 증명해 보이겠어요. 저는 국적이나 인종 문제로 차별당하는 사람들에게 희망이 될 것입니다."

손정의 회장은 차별받는 재일동포와 가족의 생계위험이라는 당면과제가 궁극적으로 해결하기 위해 가족과 친지들의 비난과 우려를 무릅쓰고 미국 유학길에 올랐다. 2주 만에 고등학교 졸업 검정고시를 통과하고 대학에 진학한 후 1년에 250건의 발명을 하는 청년 기업가로서 입지를 세우기 시작했다.

이처럼 제한된 현실에 속박되어 있다면 더 넓은 세계를 경험해 가슴 뛰는 꿈을 찾는 계기가 필요하다. 거기에 그 꿈을 실현하면 세상을 더 나은 곳으로 변화시킬 수 있다는 거대한 의미까지 더해지면 엄청난 마력의 터보 엔진을 장착한 꿈이 된다. 반기문 UN 사무총장의 경우 사고의 폭이 확장된 결정적 순간은 케네디 대통령과 만남이었다. 그는 충주고 2학년 때 영어경시대회에 참가해 외국 학생의 미국 방문 프로그램(VISTA)에 선발되었다. 그러나 그 프로그램에 참여한 세계 각국의 학생들이 갖고 있는 한국에 대한 터무니없는 인식부족에 당황했던 경험은 반기문 총장의 꿈을 결정하는 계기가 되었다. 외국 학생들로부터 '한국이 어디 있느냐? 대학이 하나라도 있느냐? 남녀가 데이트는 하느냐?' 등, 황당한 질문이 이어지자 한국의 대표로서 대한민국을 널리 알리는 외교관이 되겠다는 결심을 다지게 된다. 또한 케네디 대통령과 만남을 통해 '우리가 사는 세계를 보다 아름다운 세상으로 만드는 데 기여하는 영향력 있는 사람이 되고 싶다.'는 소망을 품게 된다. 당시 국내 상황으로 볼 때 어디에 있는 나라인지도 모를 대한민국의 학생이 전 세계 각국 지도자들과 어깨를 나란히 하는 사람이 되겠다는 포부를 밝혔다면 그 말을 누가 곧이 들어줄 수 있었을까? 하지만 가슴에 큰 꿈을 품었기에 반기문 총장은 어떤 상황에도 꿈을 향해 달려 갈 수 있는 원동력을 갖게 되었다.

김용 세계은행 총재는 아들을 글로벌 리더로 키우고자 했던 남다른 교육과 인생철학을 가진 어머니에게 큰 영향을 받았다. 김용의 어머니는 다른 어머니와 달랐다. 아들에게 공부만 열심히 하라고 하지 않았다. 어린 김용 총재에게 열심히 공부하라는 잔소리 대신 "넌 누구냐? 세상에 무엇을 줄 수 있냐? 어떤 사람이 될 수 있느냐?"는 질문으로 스스로 어떤 사람이 되어야 하는지 생각하도록 교육시켰다. 또한 "마틴 루터 킹, 간디를 생각해 보렴. 세상에 무슨 일이 일어나고 있니?"라며 위대한 사고를 하는 사람들에 대해 공부하고 이들이 어떻게 훌륭한 사람이 될 수 있었는지 아는 것이 가장 중요한 공부라고 강조했다. 이러한 어머니의 교육철학은 세상 문제에 관심이 많던 그에게 교육철학으로 계승되었다. 그 역시 다트머스대학 총장 시절 "눈을 크게 뜨고 멀리 바라보라. 세상의 문제는 여러분의 문제다. 세상의 고민은 먼 나라 이야기가 아니라 나의 고민, 우리의 고민이다."고 강조했다.

내 경우도 비슷했다. '미래혁신 창업재단장' 꿈의 계기는 미국 실리콘밸리에서의 근무였다. 나는 그곳에서 취업 준비에 바쁜 우리나라의 대학생들과는 확연히 다른 젊은 창업자들을 만났다. 그리고 할 수 있다면 나도 대한민국 청년들에게 희망과 패기를 심어 주는 사람이 되고 싶다는 열망을 싹 틔울 수 있었다. 얼마 전 그 싹이 내 꿈으로 자리 잡았고 주변 모두에게 당당히 선포할 수 있었다. 그리고 나를 '미래혁신 창업재단장'으로 불러달라는 요청을 했다. 또 내 꿈을 피칭하기 위해 1분 스피치도 준비했다. 여기 그 내용을 소개한다.

'한 청년이 나와 본인의 꿈을 열정적으로 얘기합니다. 벤처투자가들의 질문이 시작되고, 그 청년은 꿈을 이룰 수 있는 소중한 자금과 프로세스를 지원받게 됩니다. 미국 실리콘밸리에서 쉽게 볼 수 있는 이 모습이 제 꿈을 확정 짓는 결정적인 순간이 되었습니다. 역동적인 실리콘밸리의 창조 문화를 한국에 똑같이 복사해 더 나은 한국형 창업문화를 만들고 싶습니다. 저의 꿈은 미래의 상상력을 오늘의 사업으로 실현할 수 있도록 돕는 5000억 규모의 미래혁신 창업지원 재단장입니다. 대한민국의 미래 일꾼들이 새로운 가치를 창조할 수 있도록 세계 최고의 기업가 지원 시스템을 만들겠습니다. 청년들은 자신의 꿈을 사업화시키고, 대한민국은 상상력과 경제의 세계적인 허브로 도약하는 꿈을 이루게 됩니다.
 여러분, 세상을 깜짝 놀라게 할 만한 100개의 창조 기업들이 탄생할 수 있도록 제 꿈을 응원해주시지 않으시겠습니까?'

나는 이 1분 스피치를 낭독할 때 가슴이 두근거리고 눈에 눈물이 맺힐 정도로 감격스럽다. 인생의 목표가 다른 사람들의 행복에도 기여한다는 이타적인 사랑 때문에 개인의 꿈보다는 거룩한 '소명'으로 한 차원 높아진 느낌이다.

세상을 더 나은 곳으로 변화시키겠다는 큰 꿈을 가슴에 품고 세상에 선한 영향력을 발휘하겠다는 내면의 사랑을 느끼는 순간 그 꿈은 엄청난 실행력을 갖게 된다. 우리 아이들에게 지금 처한 작은 일상이 전부가 아닌 더 큰 세상이 있다는 것을 깨닫게 해주자.

세상은 우리 아이들이 큰 꿈을 품고 더 살 맛 나는 곳으로 바꿔주기를 기다리고 있다. 그러기 위해서 내가 태어난 이 세상에 기여할 만한 소명이 무엇인지 크고 원대한 관점에서 생각해 볼 수 있는 시작점을 만들어주자.

아이들에게 이 세상을 다 가질 만큼 원대한 꿈을 가슴에 품게 하자. 더 넓은 세상, 이 모든 것의 주인이 될 수 있다는 가슴 벅찬 꿈을 품은 아이로 만들어줄 수 있는,

우리는 엄마다!

02

어디까지 가봤니?

••••••••••••••••

"리더십의 비결이 무엇인가요?"
"딱 한 가지입니다. 저는 제가 어디로 가는지 알고 있고
GE의 전 구성원 또한 제가 어디로 가는지 알고 있습니다."
- 전 GE 회장, 잭 웰치-

               미래를 이끌어 갈 차세대 리더가 갖춰야 할 꿈의 방향과 크기는 어떤 모습일까? 〈타임〉지가 '차세대를 이끌 젊은 50인의 지도자'를 선정한 기준을 보면 실마리를 발견할 수 있다.

  '차세대를 이끌 새로운 지도자는 사회적 영향력을 행사한 인물로서 독특하고 차별성이 있어야 하며 개별 국가의 독창성뿐 아니라 전 세계와의 연관성을 파악할 수 있어야 한다.'

  세계는 점점 밀접히 연결되면서 한 나라의 판단이 국경을 넘어 다른 나라에까지 영향을 미치는 본격적인 글로벌 시대로 접어들고 있다. 결국 꿈의 무대를 세계적인 차원으로 넓히는 것이 중요하다.

어린 손정의가 한국계 일본인이라고 멸시당할 때 그의 머릿속에는 일본을 넘어 세계 시장으로 진출할 계획이 세워지고 있었다. 일본에서 1등이 아니라 세계 1등을 위해 비즈니스의 판을 어떻게 짤 것인지가 그의 유일한 고민거리였다. 이렇게 큰 포부를 가지게 되면 위험천만해 보이는 M&A조차 더 큰 세계로 진출하기 위한 당연한 과정이 된다. 눈앞의 내 것만 챙기는 소인배 마인드에서 벗어나 미래의 더 큰 세계를 생각하는 거인의 마인드를 갖게 되는 것이다.

앞으로 변할 세상을 상상할 수 있다면 아이의 꿈과 크기, 그 규모도 더욱 선명해진다. 안타깝게도 기존의 학교 시스템은 이러한 변화 트렌드에 맞춰 아이들의 꿈을 설정할 수 있도록 도와주지 못하고 있다. 아이들의 미래와 꿈에 관심 있는 부모라면 아이들이 학교에서 무엇을 배우고 있는지, 어떤 사람으로 양성되고 있는지 눈여겨 볼 필요가 있다. 세상은 창의성이 중요한 하나로 연결된 지구촌으로 빠르게 변하고 있다. 그러므로 이제 세상의 변화에 관심을 가질 수 있도록 자극해주는 부모의 역할이 더욱 중요하다. 현재 학교 시스템의 최종 산물은 학력, 석·박사 학위나 자격증으로 개인의 성공을 위해 모든 노력을 경주하도록 짜여 있다. 경쟁을 통해 받게 된 시험 성적 순서로 우열이 평가되고, 한 과목의 전문성을 쌓도록 전공 시스템이 구성되어 있다. 과거 산업화 시대는 그런 학교 시스템이 기업의 인재 채용 목적과 부합되어 있었다. 졸업생을 전공 위주로 채용하고 그 분야에서 전문성이 쌓이도록 숙련시켜 회사의 기능인으로 사용했기 때문이다. 경력이 쌓이고 숙련 정도에 따라 더욱 빠르게 생산 실적에 기여할 수 있었다. 이런 산업화 시대에서는 예측불허의 상상력이나 창의성은 권장되지 않았다.

그러나 지금은 정보지식 사회로 빠르게 변하고 있다. '정보 유목민'이라고 불리는 '지식 근로자'들이 주요하게 인정받는 시기가 도래했다. 과거 산업사회에서 개인의 역량이 중요했다면 현재 정보화 사회는 타인의 성공을 위해 공헌할 줄 아는 인성이 중요하다. 지식을 활용해 목표를 달성하고 성과를 창출하는 인재가 더욱 필요해졌고, 한 분야 지식의 깊이보다 다양한 지식을 융합해 새로운 지식을 창출하는 인재가 중요해졌다. 기업들의 기술과 생산력이 평준화되었고 부족한 기술도 외부에서 쉽게 조달받을 수 있는 환경이 되었기 때문이다. 더 이상 기능이나 품질로만 경쟁할 수 없는 시대다. 이럴때 일수록 기업의 가치관과 어떤 사람이 모였는가가 소비자의 중요한 판단 기준이 된다. 착한 기업이 성공하길 바라고 다른 사람들의 행복에도 적극적으로 관심을 기울이는 마음 따뜻한 사람들이 운영하는 기업에 애착을 느끼는 것이다. 이렇게 지역 사회에 환원하는 품성 바른 기업이라는 평판은 점차 중요해지고 있다. 또한 도덕성 좋은 기업이라는 이미지를 얻으면 최고의 인재들을 더 쉽게 데려올 수 있으니 그 기업은 엄청난 잠재력을 갖게 된다. 특히 디지털 미디어를 통해 기업의 평판이 쉽게 조회되는 시대에는 소비자가 자발적으로 내는 진정성 있는 소문이 큰 영향을 미친다. 이제 기업의 좋은 이미지와 평판은 글로벌 시대에 가장 중요한 자산이 되었다.

　이런 사회적 트렌드 변화를 고려할 때 아이들이 어떤 소망을 마음에 품느냐와 무엇을 목적으로 꿈을 갖는지는 아이의 미래를 크게 좌우한다. 아이들이 눈앞에 당면한 과제로 멀미와 피로감을 느낄 때, 시선을 더 멀리 더 높이 볼 수 있도록 자극해주는 부모의 역할이 무엇보다 중요해진 이유다.

　지금 알고 있는 것이 전부가 아니라 훨씬 더 큰 세상이 있다는 것, 그리고 이 사회의 훌륭한 글로벌 리더들과 신실한 기업들이 앞장서 더 좋은 곳으로 세상을 바꿔 가고 있다는 사례를 들려주자. 그러면 아이들은 자신의 꿈의 크기를 세계 무대로 넓히고 인생의 방향을 설정함으로써 힘든 학습과정을 즐길 수 있는 내공을 키우게 된다. 나 역시 대한민국의 창의성과 상상력을 경제화하겠다는 '미래혁신 창업재단장'의 꿈을 설정할 때 세계화를 목표로 두었다. 대한민국의 성공적인 기업가 지원 시스템을 중국과 아시아 지역뿐 아니라 미국에 다시 수출하겠다는 목표다. 세계 최고의 훌륭한 창업지원 시스템을 반드시 만들 것이므로 이러한 한국의 성공 경험을 전 세계 창업 희망자들도 누릴 수 있도록 확산하고 싶다는 마음도 그만큼 크다. 꿈을 설정하는 초기부터 궁극적인 지향점을 어디에 두느냐에 따라 완성도는 매우 큰 차이를 가져올 수 있다. 그래서 중국어도 열심히 배우고 있고 다른 나라의 창업지원 시스템 현황을 열심히 벤치마킹하고 있다.

　우리 아이들이 자라난 그날의 세계는 훨씬 더 가까운 세상으로

서로 연결돼 있을 것이다. 영어와 중국어를 배우는 것이 무슨 고행을 수행하는 것이 아니라 세계 무대에 본격적으로 진출하기 위해 꼭 필요한 소통능력이라는 것을 일깨워주자. 그리고 인터넷을 통해 영어와 중국어로 된 더욱 다양한 정보를 검색해 활용할 수 있음을 알려주자. 아이들의 꿈이 한국이라는 좁은 나라에 제한되지 않고 더 넓은 세상으로 뻗어갈 수 있다는 가능성을 알면 두 눈은 더욱 반짝거리며 빛날 것이다.

나는 아들과 딸의 CEO와 노벨문학상 수상자의 꿈을 격려했다. 그랬더니 아이들은 요새 세계사 공부에 흠뻑 빠져 있다. 이전에는 지루하게 느꼈던 관심 없는 과목이었지만 앞으로 본인들이 누벼야 할 세계무대이기에 흥미와 관심이 생긴 것이다. 엄마의 꿈도, 아이의 꿈도 세계화 수준에 맞춰 키워 나가도록 하자.

03

미래를
보는 눈

"벤치마킹 시대는 갔다. 이제는 퓨처마킹 시대다."
- 톰 피터스 -

　　　　　　인적자원관리 분야의 세계적 권위자 린다 그래튼은 3년간 30개국 200명의 CEO와 함께 '앞으로 일과 업무환경이 어떻게 변화할 것인가'를 연구해《일의 미래》라는 책을 출간했다. 이 책은 2025년에 인류가 겪을 일의 위기와 기회를 다각도로 분석하고, 대비하기 위해 어떤 노력을 기울여야 하는지 구체적으로 제시했다. 또한 "준비하고 열망하면 그것이 미래가 된다."고 밝히며 미래를 준비하기 위해서 아래 세 가지를 고민해야 한다고 제시했다.

　첫째, 어떤 자질과 능력이 더 가치 있는지 이해하고 해당 분야의 전문성을 키워 나가는 것이다. 모두가 인터넷에 접속해 필요한 지식을 습득할 수 있기 때문에 평균 지식만 갖춘 제너럴리스트 역할이 애매해지고 있다. 그러므로 일반적인 능력보다 '유연한 전문 능력(Serial Mastery)'에 대한 안목을 키우고 대비해야 한다.

유연한 전문가가 되기 위해서는 스티브 잡스가 언급했던 '점들을 연결해 선을 만드는 능력(Connecting the dots)'이 더욱 필요하다. 지금까지 전문성을 쌓았거나 경험했던 분야를 '점'으로 표시하고 이 점들을 연결하면 자신만이 그려낼 수 있는 '의미 있는 선'이 만들어진다. 문제는 점들을 모두 찍고 되돌아보았을 때야 비로소 그 선이 예술작품인지 낙서인지 판단 할 수 있다는 것이다. 그러므로 남들과 차별된 작품을 남기는 인생을 만들고 싶다면 어렸을 때부터 꿈의 방향을 설정해 놓는 것이 너무나도 중요하다.

소프트뱅크 손정의 회장은 미국 유학 중 운영하던 사업을 동업자에게 넘기고 귀국했다. 아버지가 병석에 있을 때 가족에게 호언장담을 하고 떠났던 유학길이라 귀국 후에 친지들과 가족의 기대는 대단했다. 뭔가 엄청난 성공을 금방이라도 이룰 것처럼 기대하며 재촉했다. 하지만 그는 1년 6개월 동안 아무 일도 하지 않으며 본인이 평생 바칠 만한 궁극적인 꿈이 무엇인지 생각하는 기간을 가졌다. 한 번뿐인 인생에서 다른 사람의 이목이나 돈에 대한 욕심으로 덥석 일을 시작하고 싶지 않았던 것이다. 그는 후배들에게 '길을 한번 정하면 바꾸기 힘들다. 우왕좌왕하는 건 비효율적이다. 오르고 싶은 산을 정하라. 그러면 인생의 반은 결정된다.'고 조언했다. 본인이 평생 오르고 싶은 산을 선택하고 이 산을 오르기 위해 중간에 어떤 점들을 찍어야 나만의 차별된 등산 경로를 만들 수 있을지 고민하란 뜻이다.

둘째, 개인주의와 경쟁으로 인간관계의 파편과 고립이 더 심해지는 미래에는 상호 연결, 협업, 네트워크가 중요한 역할을 하게 된다. 아이디어와 영감을 가진 사람들을 연결해주고 서로에게 활력을 불어넣고 균형을 유지하는 정신적인 버팀목이 필요하다. 다양성을 가진 사람들과 따뜻한 인간관계를 유지하며, 새로운 가치가 창출되고 흐르도록 연결해주는 허브 역할이 더욱 중요해진다. 미래는 과거에 상상할 수 없던 방식으로 전문성을 가진 사람들 사이의 무궁무진한 협업 기회가 열릴 것이다. 그 배경에는 소셜미디어의 발전이 있다.

내가 기존에 알고 있던 사람 또는 인터넷에서 처음 알게 된 사람들과 친구 맺기를 하면서 관심도가 비슷한 콘텐츠를 공유하고 도움이 되는 인맥을 소개받는 것이 쉬워지고 있다. 이러한 변화를 적극 활용해 성공을 이룬 사례도 등장하고 있다. 2001년에 설립된 이노센티브(InnoCentive)라는 세계적인 온라인 마켓이 그 예다.

혁신적인 아이디어가 필요한 조직이 자신의 문제를 의뢰하면 문제 해결자로 등록된 사람들이 자발적으로 아이디어를 내고 토론해 그 문제를 해결해준다. 2010년에는 20만 명 이상이 문제해결자로 등록해 활동하고 있다. 가장 좋은 의견에 상금을 수여하기도 하지만 대부분의 사람들은 어떤 대가를 바라지 않고 재능을 기부하고 있다. 기업, 학술기관, 공공부문, 비영리조직 등 다양한 기관들이 이러한 집단 혁신의 방식을 활용해 당면한 문제를 해결하고 있다.

셋째, 일의 형태에 대한 진지한 고민이다. 대기업에 소속돼 일할 것인지, 아니면 독립적인 기업가로서 일할 것인지, 얼마나 오랫동안 생산 활동을 할 것인지, 어느 지역에서 살 것인지 등 스스로에게 질문을 던져야 한다. 자신의 미래를 선택하는 기준으로 고소득, 노동시간, 일의 의미 등 다양한 선택에 따른 이득과 손해를 진지하게 고민해 자신만의 판단 기준을 정립할 필요가 있다. 우리 아이들이 첫 발을 내딛게 될 미래는 현재 직업 세계와 전혀 다를 것이다. 이미 빠른 속도로 정보 사회와 세계화가 진행되고 있으며 평생직장의 개념은 평생직업의 개념으로 대체되고 있다. 국가 간 경계도 낮아지며 기업 간 무한 경쟁이 가속화되고 있다. 이러한 글로벌 경쟁 시대에는 실력 있는 기업만이 살아남을 수 있다. 몸담고 있는 직장이 하루아침에 사라지거나 다른 기업에 인수·합병되는 사례도 빈번해지고 있다. 그럴수록 자신만의 차별된 경쟁력을 쌓아 새로운 영역에서 직업을 만들 수 있는 역량이 필요하다.

'자신의 일자리를 스스로 만드는 법'을 전 세계인에게 전파하고 있는 가치 혁신가 크리스 길아보는 참신한 아이디어를 바탕으로 여러 사업을 성공시켰고, 자신의 경험을 공유해 다른 사람들도 스스로 일자리를 만들도록 돕고 있다. 175개국이 넘는 나라를 돌며 자신처럼 100달러나 그 이하의 소자본을 들여 창업하고, 연간 5만 달러 이상의 소득을 내는 개인 사업가들을 만나 자료를 수집

했다. 그는 《100달러로 세상에 뛰어들어라》를 출간해 고용된 직장세계를 탈출하고 스스로 직업을 만들고 싶어하는 전 세계 독자들로부터 폭발적인 호응을 받았다. 가장 흥미로운 사례 50가지를 선정해 공통점을 공유해 놓기도 했다. 열정으로 자신만의 사업을 성공시키고, 자유와 성취감을 얻은 성공 사례는 많은 사람들에게 미래에 대한 희망을 갖게 했다.

나는 그가 강연 차 한국에 왔을 때 그를 직접 볼 수 있었다. 그는 강연에서 자신의 성공은 학교교육 덕분이 아닌 스스로 삶을 개척했기에 가능했다고 강조했다. 자신의 열정을 바칠 수 있는 분야를 정하기 위해서는 내가 하고 싶은 일, 또는 잘하는 일과 남이 관심을 가질 수 있는 것들이 겹쳐지는 결합 부분을 찾아야 한다고 설명했다.

다시 말해 내가 좋아서 하는 일이면서 돈도 벌 수 있는 그 무엇을 찾으란 뜻이다.

내가 좋아하는 것과 다른 누군가 그것을 위해 기꺼이 돈을 지불할 수 있는 교차점이 존재해야 수익이 발생하는 직업을 가질 수 있다. 즉 자신의 '열정과 재능'에 '유용성'을 느끼는 사람이 많을수록 만족스런 수익과 보람이 보증된 직업이 탄생되는 셈이다.

자신이 애용했던 소프트웨어 에버노트의 사용법을 정리해 주변에 공유하다 에버노트 회사로부터 공식 매뉴얼 제작자로 위촉 받은 사례, 매일 건강한 조리법을 공개하는 요리 전문가가 요리 책 출판, TV 출연, 기업 협찬 등으로 연결된 사례, 컴퓨터 프로그래밍이 취미이던 피아노 교사가 수강생 명단과 수업 시간표, 수강료 관리에 이용할 소프트웨어를 개발해 다른 피아노 교사에게 유료로 제공하면서 성공한 경우 등 대부분의 사례가 본인이 좋아하는 일을 하면서 남에게도 충분히 도움이 되었기에 하나의 직업으로 자리 잡을 수 있게 되었다. 미래는 어느 누구도 가보지 못한 미지의 세계다. 그러므로 꾸준히 트렌드를 읽으며 변화를 예측하는 눈을 기르면서 준비해야 한다. 본인의 열정과 재능을 활용해 남에게도 이로운 일을 하고 싶다면 이를 자신의 미래로 만들 수 있는 세상이 펼쳐지고 있다.

04

한국을 알릴 때
내 심장은 뛰었다

❋❋❋❋❋❋❋❋❋❋❋❋❋❋❋❋❋❋❋❋

"죽기 살기로 하니까 베이징 올림픽 때는 졌는데, 이번엔 죽을 각세로 하니까 이겼다."
- 런던올림픽 유도 금메달리스트 김재범 -

나는 아이들에게 '너희는 대한민국의 대표선수 다'라는 말을 자주 한다. 바로 옆 친구들과 우물 안에서 도토리 키 재기에 열정과 시간을 낭비하지 말고 전 세계와 겨루는 뱃심을 길러주기 위해 시작한 멘트다. 아이들 모두는 우리나라의 미래를 짊어질 주역이다. 그리고 이 아이들이 살게 될 세상은 나라간 경계가 사라진 시대, 세계 각국 인재들과 글로벌 리더로서 승부하는 시대다.

나는 두 아이의 엄마로 서른다섯 살 늦은 나이에 미국 유학길에 처음 올랐다. 그리고 나보다 좋은 체력과 실력을 겸비한 이,삼십대 초반 학생들과 수업을 함께 들었다. 그때 내 마음에는 언제나 '나는 대한민국의 대표선수'라는 각오가 서려있었다.

당시 내가 치러야 했던 수업은 자기 의견을 적극적으로 발표하거나 논쟁에 참여하지 못하면 점수가 나오지 않는 살벌한 MBA 수업이었다. 수업을 간신히 따라갈 정도의 영어 실력인 나는 남들 몇 배의 시간을 쓰며 케이스 과제를 읽고 예상 질문과 토론의 흐름을 미리 예측한 뒤 수업에 참여했다. 발표를 위해 머릿속으로 영어 표현을 생각하고 있으면 발표 기회는 다른 학생에게 넘어가고, 논쟁의 흐름도 완전히 달라져 있었다. 그렇기 때문에 수업 중 토론의 흐름을 미리 예상하고 내가 기여할 부분의 발표 준비를 미리 해야 했다. 그렇지 않으면 회사에서 어렵게 따낸 유학 기회에서 좋은 성적을 받을 수 없는 것은 물론이고 어떤 배움도 얻지 못할 것이 뻔했다. 마치 탁구 경기장 관람석에서 탁구공이 왔다 갔다 하는 것만 눈으로 쫓다 집으로 돌아오는 것처럼.

더 큰 문제는 스스로에 대한 자괴감과 패배감이었다. 특히 당시 내가 근무하던 이동통신 회사는 세계를 선도할 만한 신규 서비스를 적극 개시 중이었다. IT 강국인 대한민국의 위상을 알리기에 최고의 기업이자 기회였다. 나는 수업 시간에 논의할 비즈니스 케이스를 읽으며 우리 회사의 사례나 국내 다른 기업의 사례 중 발표할 만한 거리가 있는지 눈에 불을 켜고 샅샅이 찾았다. 그리고 내가 준비한 사례가 빛을 발하는 논쟁 포인트라고 판단되면 무조건 손을 번쩍 들기 시작했다. 얼마나 정확한 영어 표현으로 발표할 것인지는 신경 쓰지 않았다. 주요한 키워드 위주로 발표해도 분명 기여할 내용이라 확신했기 때문에 자신 있게 발표했다. MBA 수업은 영어를 잘하는 것을 보여주는 수업이 아니다. 비즈니스의 성공 요인을 배우러 온 학생들에게 다양한 상황에서 기업들이 어떻게 문제를 해결했는지 경험과 통찰을 나누는 것이 목적이다. 그렇게 마음을 다 잡자 적응도는 몰라보게 높아졌다. 마케팅 과목에서는 가장 인상적인 발표를 많이 한 학생으로 교수에게 포상을 받기도 했다. 그날 받은 상 덕분에 흥분 상태로 적어 놓은 내 일기장에서 해당 교수님의 말씀을 기억할 수 있다.

"내가 이 클래스를 가르치면서 매우 인상적이었던 것은 인터내셔널 학생들의 대활약이었습니다. 영어가 유창하진 않지만 기죽지 않고 용감하게 수업 시간에 발표하는 분위기에 찬사를 보냅니다. 그 중에서도 매우 진지하면서도 귀중한 질문과 코멘트로 인상적인 기여를 했던 Yoon(나의 미국이름)에게 이 상을 주고 싶습니다."

1학년 첫 학기, 인상적인 학생으로 지목된 이후 2년의 MBA 기간은 행복한 학생으로 보낸 즐거운 시간이었다. MBA 1학년을 마친 여름방학 때 샌디에이고에 위치한 교육벤처에서 인턴으로 근무했을 때의 일이다. 그 회사는 삶의 균형과 웰빙을 중시하는 문화를 갖고 있는 벤처 회사로 대부분의 직원이 주말에 마라톤을 즐기는 건강한 문화를 갖고 있었다. 나는 처음으로 근무하는 미국인 회사라 잔뜩 긴장하고 있었기 때문에 운동을 한다는 자체가 사치스럽게 느껴졌다. 그러나 마라톤, 철인 삼종 경기, 하이킹 또는 서핑 등 무슨 운동이든 한 종목이라도 즐기지 않으면 그들과 나누는 대화에 자연스럽게 낄 수 없는 분위기였다. 결국 빠듯한 인턴 기간이었지만 마라톤 하프코스에 도전하기로 결심했다. 태어나 한번도 2km 이상 장거리를 뛰어본 경험이 없던 나는 동료들이 추천해주는 식단으로 음식을 조절하며 매일 아침 그들이 짜준 시간표대로 달리며 체력을 길렀다. 나를 도왔던 동료들은 한 번도 마라톤을 해보지 않은 내가 과연 해낼 수 있을지 반신반의하는 눈치였다. 하지만 유일한 외국인이었던 나는 한국인의 투지를 꼭 보여주고 싶었다. 매일 아침 가슴이 터질 듯 숨이 차오르고, 수시로 쥐가 나고 통스러웠다. 주저앉고 싶은 마음은 이루 말할 수 없었다. 하지만 성공적인 인턴 업무에 마라톤 하프코스 도전도 포함되었다고 생각하며 견뎠다. 그리고 2005년 7월 4일 미국 독립기념일 하프 마라톤 대회에서 완주에 성공했다.

내가 지금 다니고 있는 회사는 129년 전통을 자랑하는 외국기업이다. 본사는 미국인데 최근 디지털 혁명으로 새로운 기술과 마케팅 기법을 적용하고자 IT 강국인 한국을 지목해 디지털 혁신팀이 만들어졌다. 나는 이 팀의 리더로서 소비재 제조업이라는 전통산업에 디지털 기술이 접목된 성공 사례를 만들어 가고 있다. 한국 시장에서는 너무나 당연하게 검증된 정보를 외국기업의 현실에 맞게 적용해주면 글로벌 베스트 사례로 선정되었다. 이런 경험을 수차례 지켜보면서 발 빠른 미래 개척정신을 가진 대한민국의 국민이라는 사실에 자부심과 보람을 느꼈다. 내가 수년 전 당연하게 추진했던 과제를 마치 생전 처음 듣는 듯 생소하게 느끼는 의사결정자들을 설득하고 필요한 예산을 받아내는 과정이 지루하기도

하다. 그러나 최고의 사례를 하나씩 만들어 가며 세계에서 가장 똑똑한 대한민국 국민이라는 인정을 받을 때 자부심과 보람을 느낄 수 있었다.

아이들이 세계를 무대로 꿈을 펼치기 위해서는 첫 째 자신이 한국인이라는 사실에 긍지와 자부심을 느껴야 한다. 우리 민족의 뿌리를 자랑스럽게 생각하고 고유한 문화유산에 대한 충분한 이해를 바탕으로 가장 한국적이면서 세계적인 경쟁력을 갖는 것이 무엇인지 고민하도록 도와주어야 한다. 뿌리에 대한 자부심을 느끼지 못하면서 긍지를 느낄 수는 없다.

이렇게 세계에 눈을 뜨고 한국인으로서 자부심을 가져야 가장 한국적인 것이 세계적이며 우수하다는 확신을 갖게 된다. 우리 아이들이 '대한민국의 대표 선수'로서 한국을 알릴 때 그들의 심장도 두근거리길 진심으로 기대한다.

05

미래는
네 선택에 달려 있다

◆◆◆◆◆◆◆◆◆◆◆◆◆◆◆◆◆◆◆◆◆

"새가 머리 위를 지나가는 것을 막을 수는 없다. 그러나 머리 위에 집을 짓는 것은 막을 수 있다. 나쁜 생각이란 마치 머리 위를 스치는 새와 같아서 막아낼 도리가 없다. 그러나 그 나쁜 생각이 머리 한가운데 자리를 틀고 들어오지 못하게 막을 힘은 누구에게나 있다."

- 인권운동가 마틴 루터 킹 -

　　　　　　큰 기업 리더의 선택은 한 나라의 미래를 바꾸기도 한다. 개인적인 선택은 오늘 나의 모습, 나의 결혼 생활, 나의 직장 커리어, 나의 친구들, 나의 자녀들의 모습으로 나타난다. 매 순간 내가 생각한 대로 내 인생을 이끈 그 결과가 현재 나의 모습이다. 나의 현재 모습은 모두 내가 만들어낸 결과이므로 현재 상황에 대한 책임은 모두 나에게 있다. 허나 어떠한 경우라도 우리는 선택을 통해 미래를 바꿀 수 있다.

　우선 불평에 대한 선택을 살펴보자. 주변에 남에 대한 비난이나 상황에 대한 불평을 일삼는 사람이 보일 것이다. 나는 그런 사람을 만나면 마치 가위로 싹둑 잘라내듯 그 사람과 만남을 피한다. 정보

채널을 선택할 때 어떤 주파수에 맞출 것인가를 선택하는 것과 같다. 미세하나마 불쾌한 감정을 유발시켜 긍정적인 마인드를 해칠 수 있는 변수를 스스로 차단하는 결단이다. 내 기분이 좋지 않다는 것은 내면에서 부정적인 파동이 감지되고 있다는 의미다. 이 경우 내면을 긍정적인 상태로 계속 유지시키기 위한 나만의 노하우를 개발하는 것이 중요하다.

둘째, 행복에 대한 선택이다. 기분 상하는 일이 생겼을 때라도 선택을 통해 행복한 사람이 될 수 있다. 슬픈 일이 있어도 거울 앞에 앉아 미소를 지을 수 있는 것이 인간의 힘이다. 단지 그 미소만으로 잠시나마 내면은 행복을 느낄 수 있다. 이것은 매우 중요한 포인트다. 슬퍼도 웃고 좋지 않은 일이 생겨도 웃어야 행복해진다. 그리고 행복하다면 그 감정을 무엇 때문에 느꼈는지, 행복감을 유지하기 위해 어떤 요소를 더해야 하는지 본인 스스로 세세하게 관리할 수 있는 방법을 알아야 한다.

셋째, 내 인생 '행복의 총합'에 대한 선택이다. 내 인생의 행복은 내가 행복했던 순간의 총합이다. 외부적으로 어떻게 보이든, 남이 어떻게 판단하든 그것은 전혀 중요하지 않다. 내면에 오직 나만이 느끼는 본능으로 내가 행복했는지 여부와 그 행복했던 기간이 얼마나 오래갔는지, 생까해보고 정한 행복과 기쁨의 총량이 내 인생 행복의 총합이다. 이제부터라도 매순간 노력하자. 나는 바로 지금 이 순간 행복을 충분히 느끼고 있는가?

넷째, 친구에 대한 선택이다. 나에게 영향을 주는 사람들 중 긍정적인 사람, 현명한 사람들을 찾아 지혜를 빌리도록 하자. 삶의 지혜를 가진 사람을 찾아 친구로 만들어야 한다. 또한 내가 가진 달란트로 도움을 줄 수 있는 기회가 있다면 아낌없이 베풀어야 한다. 남에게 베푸는 과정은 많은 배움을 남기며 그동안 가장 큰 행복을 누리는 사람 역시 나 자신이다.

다섯째, 두려움에 대한 선택이다. 살면서 우리 모두는 두려움을 느낀다. 그러나 그 두려움마저 선택할 수 있는 권한과 힘을 가진 것이 인간이다. '나'는 자신의 미래를 조각하는 사람이다. 내가 원하는 것을 생각하고 그 생각을 기반으로 주도적인 내 미래를 만들어 갈 수 있는 창조자다. 창조자는 자신이 새롭게 만들어 가는 세상을 결코 두려워하지 않는다. 창조자는 자신이 바로 법이고 원칙이고 방향이다. 창조의 완성품을 평가하는 주체 역시 창조자인 나 자신이다. 그러니 두렵지 않다. 내가 지금부터 새롭게 창조해 가는 세상에 대한 자신감과 주인의식을 갖겠다고 선택하자. 그러면 두려움은 어느새 안개처럼 사라지는 것을 느낄 수 있다.

여섯째, 내가 청구한 것을 가질 권리에 대한 선택이다. 내가 원하는 것을 얻기 위해서 끝까지 지속적으로 청구할 것을 선택하는 것이다. 신은 내가 원하는 순간 내가 원하는 그것을 주기 위해 이미 모든 것을 마련해 놓았다. 신이 만들어 놓은 것을 청구할 수 있는 권리를 선택하는 것도 나이고 마지막 순간 포기하기로 선택하는 것 역시 나 자신이다. 내가 원하는 것을 현실 세계에 나타날 때까지 절실하게 원하지 않았기 때문에 미완성 작품들 속에 파묻혀 있게 된 것이다. 이러한 실수를 반복하지 않으려면 지금부터 나의 소망과 신념을 마지막까지 지키겠다는 굳은 각오가 필요하다.

일곱째, 내가 행복한 사람이 될 것에 대한 선택이다. 행복은 내가 주체적으로 느끼는 감정이지 누가 가져다주는 것이 아니다. 이 행복의 개념을 명확하게 이해하면 인생은 정말 신나게 놀아볼 만한 환상적인 놀이터가 된다. 내가 생각하는 대로 내 미래가 창조되고 내가 선택한 생각과 행동으로 나의 행복이 결정되는 세상이다. 이 세상의 주인은 오직 나 자신이다. 남의 세상과 비교하지 않고 내가 만들어 가는 세상을 더 완성된 모습으로 이끌어 가는데 초점을 맞추어 보자. 그러면 정말 행복하고 멋진 단 하나뿐인 인생의 주인공이 될 수 있다. 행복이 나의 선택이라는 것을 깨닫는 순간 이 세상은 정말 살아볼 만한 세상으로 바뀐다.

여덟째, 내 배에 함께 타는 사람에 대한 선택이다. 내가 진정으로 꿈을 이루기 위해서는 나와 같은 배를 타고 항해하는 선원들을 잘 골라야 한다. 이기고 싶다면 이길 생각이 가득한 사람을 태워야 한다. 불평과 불만이 가득한 사람 한 명이 다른 팀원들까지 부패하게 만드는 썩은 사과가 될 수 있다. 언제나 처음과 같은 열정을 유지하며 다른 사람들에게도 반드시 할 수 있고 이기고 말겠다는 승자 정신(Winning Spirit)을 전파해주는 사람만 골라 내 사람으로 만드는 것이 중요하다.

아홉째, 내가 남과 나를 용서할 것인지에 대한 선택이다. 용서는 남을 위해서 하는 것이 아니라 나 자신을 위한 선물이다. 다른 사람의 잘못으로 억울한 일을 당했다고 그 사람에 대한 분노와 미움을 평생 갖고 살아간다면, 나는 영원히 그 사람으로부터 괴롭힘을 당하기로 결정한 것이다. 이는 정말 슬픈 결정이 아닐 수 없다. 진정 그 사람에게 복수하고 싶다면 그 사람을 용서해주어야 한다. 그 사람이 더 이상 내 삶에 어떠한 영향도 미치지 못하게 하는 것이야말로 내가 할 수 있는 최고의 완벽한 복수다.

열 번째, 어떤 경우에도 나 자신을 사랑하겠다는 선택이다. 나 자신의 잘못을 질책하지 말고 모든 것이 성장하기 위한 하나의 과정이라고 너그럽게 인정해야 한다. 다른 사람은 중요하지 않다. 오직 나 자신의 기분과 성장하는 느낌이 내 인생의 전부가 되어야 한다.

똑같은 꿈에 대한 열정을 나눠 받고서도 중간에 포기하거나 시들해지는 사람의 공통점을 보면 온전히 자신에게 집중된 꿈을 선택하지 않았다는 공통점이 있다. 남에게 보여주기 좋은 꿈을 찾은 경우다. 이제는 누구를 위해 살았든 그 삶을 멈추고 오직 나를 위해 선택한 꿈을 오롯이 이뤄내겠다는 선언을 해야 한다. 만약 이번에도 내가 아닌 그 누구에게 보이기 위한 꿈을 선택한다면 결코 그 꿈은 지속되지 않을 것이기 때문이다.

열한 번째, 나의 선택으로 인해 '새로운 소망'을 싹트게 할 것에 대한 선택이다. 나의 행동과 결단 하나는 이 세상을 바꾸어 놓을 수도 있다. 내가 오늘 한 결심은 새로운 내일의 역사를 만든다. 나는 새로운 미래의 지평을 열어 가는 창조자다. 지금 내가 하는 생각과 나의 선택 그 어떤 것도 초점 없이, 계획 없이, 줏대 없이 이루어지지 않도록 진지한 사명감을 가져야 한다. 나는 미래를 만들어가는 역사에 남을 개척자다.

이제 어제까지 있던 모든 실수, 실패, 다른 사람에 대한 분노, 억울함 등은 오늘 밤 잠이 들 때 모두 삭제시키자. 내일의 태양이 뜨는 그날부터 매일 나 자신에 대한 온전한 사랑과 포용으로 완전히 새롭게 태어나자. 내 인생은 오로지 미래에 대한 활력과 가능성으로 다시 시작될 것이다.

이 모든 것이 바로 꿈을 가진 사람의 선택이다.

06

조금만
더

◆◆◆◆◆◆◆◆◆◆◆◆◆◆◆◆◆◆

"꿈을 향해 노력하지 않으면 아무것도 이뤄지지 않는다는 것은 100% 확실합니다."
- '달을 향해 쏴라' 고산 -

"내 목표는 오늘을 내가 살았던 날 중 최고로 만드는 것이다."

세계 대공황 시절 무일푼에서 미국 50대 부자가 된 클레멘트 스톤이 한 말이다. 그는 보험판매 회사를 설립해 미국 전역에서 큰 성공을 거뒀다. 그러나 1929년 세계 대공황으로 그의 회사에도 먹구름이 드리웠다. 천여 명의 직원 중 850명이 '이런 공황상태에서는 보험 판매를 할 수 없다'며 회사를 떠나 큰 위기를 맞았다.

스톤은 남아 있는 직원들에게 "공황이라는 상황 때문에 판매할 수 없는 것이 아니라, '공황이기 때문에 팔 수 없다'는 생각 때문에 하지 못하는 것이다."라며 상황은 얼마든지 바꿀 수 있음을 역설

했다. 그는 이를 직접 증명해 보이기로 했다. 그는 지금까지 회사가 발행했던 보험 중 가장 비싼 보험 발행을 요청했다. 그리고 미국 전역에서 지금껏 세웠던 자신의 판매 기록을 모두 갈아치웠다. 생각과 믿음 하나로 세계 대공황 시기에 보험업계의 기적을 일으킨 것이다. 스톤은 할 수 있다는 믿음으로 생각을 강화한 노하우를 《절대 실패하지 않는 성공시스템》으로 만들어 남아있는 직원을 철저히 교육시켰다.

"우리가 생각하고 믿어야 하는 것은 그것이 무엇이라도 긍정적인 마음자세로 임하면 이룰 수 있다는 사실이다."

그는 외부 상황에 의존하지 않고 오직 자신의 마음 상태와 실천에만 좌우되는 성공시스템을 만들었다. 회사에 남아 있던 직원들은 이 시스템으로 교육받고 적용해 최고의 성과를 창출했다. 회사에 남은 135명은 이전 천명의 판매수치를 능가하는 실적을 냈다. 그리고 이들 중 수십 명은 백만장자가 되었다. 그의 회사는 이후 5천 명이 넘는 회사로 성장했고 그는 포춘지가 선정한 미국의 50대 재벌 중 한 사람으로 지명됐다.

이런 마음자세를 갖는 비법을 알게 되면 시련과 역경은 오히려 축복이 된다. 외부의 상황에 상관없이 자신의 마음을 어떻게 다스릴지 아는 사람에게 고난은 새로운 기회와 발전의 원동력이 된다. 스톤은 자신의 성공 노하우를 네 단계로 정리했다.

첫째, 잠들기 전 '내게 길을 알려 달라. 내게 도움을 달라.'고 기도한다.

둘째, 충분히 잠을 자고 나서 자신의 하루를 최상의 컨디션으로 시작하고 의도적으로 긍정적인 흥분 상태를 유지한다.

셋째, "오늘은 내가 살았던 날 중 최고의 날이다."라고 다짐하고 오늘의 스케줄에서 집중 공략해야 할 고객을 확인한다.

넷째, 고객에게 판매할 때는 의도적으로 긍정적인 흥분 상태를 유지하며, 내가 가진 모든 것을 판매 프레젠테이션에 쏟아 넣는다. 모든 에너지를 오직 눈앞에 있는 한 가지 일에 집중한다.

이 비법을 반복한 스톤은 '성공하는 것이 실패하는 것보다 노력이 적게 든다.'고 가르쳤다. 원하는 것을 얻기에 실패했다면, 원하는 것에 집중하지 않고 쓸 데 없는 곳에 노력했기 때문이라는 것이다. 내가 생각하는 것을 믿고 집중하는 능력은 현재 남들 눈에 보이지 않는 것을 창조하는 능력이다. 내 꿈이 정말 절실하다면 남들이 아무 의미 없이 내뱉는 '안 된다. 할 수 없다. 불가능하다.'라는 말에 굴복하지 않는다. 그리고 내 눈에 명확한 것들을 끝까지 밀고 나간다.

신기하게도 스톤의 비법을 계속하면 내가 원했던 모든 것들이 현실로 나타나 결국 주변 사람들에게 현실로 보여줄 수 있게 된다. 그리고 지난날 자신들이 뱉었던 부정적인 말은 까맣게 잊은은 채, "나는 원래부터 네가 성공할 줄 알았어. 나는 네가 이룰 것으로 믿었어."라고 할 것이다.

그들이 의도적으로 말을 바꾼 것은 아니다. 다만 남의 일에 신경 쓰지 않고 상황에 따라 하고 싶은 말을 내뱉은 것뿐이다. 그러니 기억도 하지 못하는 그들의 말에 휘둘려 중요한 결정을 중단하거나 포기한다면 그야말로 위험천만한 일이다.

기업 전문연사인 앤디 앤드루스의 《폰더 씨의 위대한 하루》에 보면 폰더 씨가 마지막에 천사 가브리엘을 만나는 장면이 나온다. 이 부분에서 우리가 수없이 이루기 소망했던 소원들이 왜 이뤄지지 않았는지 그 이유를 알게 된다. 가브리엘 천사는 폰더씨에게 하늘나라에 나뒹굴고 있는 꿈의 미완성 잔해들을 보여준다.

"여기에 있는 물건들은 지상에 있는 사람들이 조금만 더 열심히 일하고 기도했더라면 그들에게 주려고 마련해 놓았던 것들입니다. 그들이 더 이상 노력하지 않았기에 취소되어 여기에 쌓여 있습니다. 이 창고는 용기 없는 사람들의 꿈과 목표로 가득 차 있습니다."

그동안 우리는 소망을 갖고 노력하겠다는 결심을 하고 기도를 해 왔다. 그러나 대부분의 것들이 이루어지기 전에 또 다른 소망으로 기도의 주제를 갈아타는 일을 반복해 왔다. 그동안 원했으나 중간에 포기했던 소망들, 강렬하게 원했으나 결국은 포기하고 말았던 미완성 꿈들이 하늘나라에 굴러다니고 있는 장면은 상상하기만 해도 가슴 쓰리다. 가장 슬픈 인생의 비극은 조금만 더 노력했다면 이길 게임을 마지막 순간 방심하거나 포기해 놓치는 것이다.

내가 조금만 더 일했더라면, 더 기도했더라면, 더 끈질기게 노력했더라면 내가 소망했던 것들은 나에게 배달되었을 것이다. 그것이 이루어지기 직전에 배달하려고 포장하고 있던 찰나에 그것

4장 행복은 생각보다 가까이에 있다   175

을 포기하기로 선택한 것은 바로 나 자신이다. 꿈이 현실로 나타날 때까지 절실한 마음으로 원하지 않았기에 나의 꿈들은 미완성 작품들 속에 파묻혀 있다.

이제 우리는 꿈을 이루는 중간에 포기하고 싶은 생각이 들 때마다 이 장면을 구체적으로 상상하도록 하자. 다시는 아찔한 실수를 반복하지 않고 미래의 내 소망과 신념을 마지막까지 완성하는데 큰 자극이 될 것이다.

대부분의 사람은 자신이 원하는 것이 무엇인지 결정하지 않는다. 그러니 원하는 것에 집중하지 않는다. 결국 외부 환경 변화에 따라 어제는 사과를 원하고 오늘은 신발을 원하고 내일은 여행을 원한다. 지속적으로 주변을 두리번거리며 자신이 진정으로 원하는 것이 무엇인지 발견하지 못한 채 방황하는 삶을 산다. 누군가 새로운 것을 제안하면 솔깃해하며 원하고 다시 조금 노력하다 포기한다. 충분한 노력도 기울이지 않은 채 '나는 할 수 없다. 잘 안 될 것이다.'라는 실패자의 마인드를 끌어 안는다. 그러나 모든 노력을 집중하고 전력질주하지 않은 소망은 절대 이루어지지 않는다.

모든 답은 내 안에 있다. 어떤 당황스러운 상황에서도 내가 원하는 것을 파악하고, 그것을 이루기 위해 무엇을 해야 하는지, 생각하는 능력을 길러야 한다. 방황한다는 것은 다시 말하면 내 인생에서 진정으로 원하는 것이 무엇인지 모른다는 것과 같다.

그것은 삶에 심각한 결과를 초래한다. 일상에 나타나는 크고 작은 역경들 앞에 쉽게 체념하거나 인생 전체를 두고 원하는 바가 없으니 시간을 어떻게 써야 할지 몰라 허송세월로 방황하기 쉽다.

이제 툴툴 털고 일어나 보자.

매순간 내 마음을 읽고 나만의 특권을 최대한 누리는 삶으로 걸어 들어가자. 태어나 이뤄야 할 소명을 깨닫고 명확한 목적과 목표가 이끄는 삶을 살아가는 사람들은 긍정적인 파동이 몸에서 넘쳐난다. 자신의 삶을 자주적으로 살아간다는 기쁨이 넘치고 어떤 상황에서도 본인 생각을 스스로 결정할 수 있다는 참 자유를 얻었기 때문이다. 이들이야말로 행복한 사람들이다. 자신을 다스리는 자는 결국은 승리한다.

07

인생의 치명적인 약점,
방향이 없다는 것

"인생의 비극은 당신의 목표에 닿을 수 없다는 것이 아니다. 진정한 비극은 닿아야 하는 목표가 없다는 사실이다."
-미국의 교육자 벤자민 메이스-

우리나라 평균 수명이 52.4세였던 1960년에는 오래 산 것을 축하하며 60세 환갑잔치를 성대하게 치렀다. 하지만 요즘은 환갑잔치는커녕 칠순잔치도 건너뛰는 경우가 허다해졌다. 평균 수명이 50년 사이 27년 이상 늘어난 이유다. 전 세계적으로 노령화는 공통된 현상이지만 특히 우리나라의 경우 노령화 진행 속도는 매우 빠르다.

이렇게 100세 이상 사는 것이 표준이 되어 버린 시대에 '장수 리스크'라는 새로운 위험이 등장했다. 축복받아야 장수가 '리스크' 또는 '재앙'으로까지 받아들여지며 심각한 사회적 고민거리로 등장한 이유는 다음과 같다.

첫째, 노후를 위한 경제적 준비가 없다. 극소수의 부유층을 제외하고 경제활동에서 은퇴한 후 삶을 유지할 만한 자금 계획이나 준비가 전혀 되어 있지 않다. 특히 자녀 교육에 대한 초과 지출과 짧아진 정년으로 대책 없이 가장이 은퇴를 맞으며 위기에 몰린 가정이 늘어나고 있다.

둘째는 노화돼버린 신체의 건강 문제다. 많은 병들이 치유되고 있지만 평균 수명이 연장되면서 노인들은 앓게 될 다양한 고질병을 앓게 된다. 당뇨나 고혈압 등 평생을 걸쳐 꾸준한 관리가 필요한 만성질환 환자도 늘고 있고 또 다른 중병들이 더해지는 추세다. 비록 수명은 늘었지만 건강하게 사는 기간보다 병을 고치며 살아가는 기간이 길어지면서 역시 경제적인 고통이 수반될 수밖에 없다.

셋째는 심리적 외로움과 상실감이다. 직장인들에게 은 더 빨리 정년은 다가오고 미혼인 자녀들도 독립을 서두르면서 고독한 노후 기간은 더욱 길어졌다. 게다가 열정을 바칠 만한 일거리 찾기는 더욱 어려워졌다. 이렇게 경제인구로서 효용성이 없어지면 마치 이 세상에 필요 없는 존재인 것처럼 스스로 느끼며 자존감을 상실한다. 젊을 때부터 마음 터놓을 친한 친구들과 관계를 형성해 놓지 못했다면 길어진 노후 생활은 고독하고 외롭게 소외될 가능성이 높다. 이런 상황들을 볼 때, 노령화 사회는 전반적으로 행복 지수가 매우 낮은 우울한 사회가 될 가능성이 높아 보인다. 돈 들어갈 곳은 많은데 돈은 없고 젊을 때와 달리 여기 저기 쑤시고 아프지 않은 곳이 없고 하루 종일 할 일도 없어서 마음까지 황량해지는 삼중고에 시달리는 불행한 노년이 된다.

이러한 '장수 리스크'로 예견된 상황을 살펴보면서 아직 어린 아이들을 키우고 있는 젊은 부모들 또는 가장의 퇴직을 앞두고 있는 가정이라면 지금부터라도 미래 방향을 설정하고 노후에 대한 준비를 서둘러야 하겠다. 이것이야말로 자녀 교육에 대한 가치관을 돌아보고 부모로서 자신의 미래를 준비하는 일석이조의 효과를 얻는 방안이 아닐까.

어쩌면 지금 아이 키우는 것만으로도 정신없이 바쁜데 무슨 인생의 방향이냐고 반문할지 모르겠다. 또 워킹맘이라면 육아와 직장 모두 병행하느라 하루하루 살아가는 것이 숨 가쁜데 어떻게 인생의 방향을 설정하느냐고 의아해할 수도 있다. 그러나 그렇게 정신없이 바쁘고 힘들기 때문에 더욱 삶의 중심을 잡아야 한다. 복잡한 인생을 단순하고 현명하게 살기 위해서라도 인생의 방향을 설정하는 작업은 매우 중요하다.

인생의 큰 방향을 설정하지 못하면 자신의 인생에 객으로 등장하는 타인들과 끊임없이 자신을 비교하며 더 힘들어질 것이 자명하다. 인생의 방향을 설정하면 어제와 비교해 오늘 얼마나 더 앞으로 나아갔는지 비교할 수 있게 되니 충만함까지 덤으로 얻게 된다.

자기혁신 전문가 전옥표 저자는 《빅 픽처를 그려라》에서 원하는 것을 성취하는 삶을 살기 위해서 남이 아닌 과거의 자신을 이겨야 한다고 조언한다. "자꾸 남과 비교하는 속성으로 돌아가는 이유는 마음속에 빅 픽처가 없기 때문이다. 그동안 만난 성공한 사람, 인생을 행복하게 사는 사람들은 모두 자신만의 큰 그림이 있었다. 그들은 언제나 마음속 큰 그림과 마주했기 때문에 어떤 처지에 놓이든 좌절하지도 자만하지도 않았다. 어떤 위치에 있는지, 어떤 일을 하는지는 상관없었다. 그들은 모두 자신만의 빅 픽처를 알고 저마다의 자리에서 행복해하며 인생의 의미를 깨닫고 삶을 즐기고 있었다."

그렇다면 빅 픽처는 어떻게 완성할 수 있을까? 우선 이 세상에 나는 왜 존재하는가에 대한 스스로를 향한 질문과 그 해답을 찾기 위한 시간이 필요하다. 무엇을 목표로 살아갈 때 가장 나다운 인생인지 자신에게 질문하며 내면의 답을 조용히 따라가는 과정이다. 이런 과정은 마치 비행기를 타고 땅을 한 눈에 내려다보는 것과 유사하다. 이 세상에 유일무이한 내 '인생의 전체' 모습을 멀리서 조망할 수 있는 특권을 가진 셈이기 때문이다.

내 인생의 키를 내가 쥐고 있다면 마음이 시키는 대로 행동할 수 있는 자신감이 느껴진다. 성공적인 삶을 살아가는 사람들은 공통적으로 역시 자신이 정의한 미래의 성공적인 결말을 이미 훔쳐보기라도 한 듯 빅 픽처에 대한 인식을 갖는다. 그 결과 인생 모퉁이마다 만나는 삶의 역경들을 일관되고 차분하게 돌파해갈 힘을 얻는다. 오히려 뜨거운 가슴으로 확신하고 있는 원하는 삶으로 나아가기 위한 중간 재료로 시련의 순간들을 활용한다.

보통 사람들의 생각과는 분명 다르다. 보편적으로 우리는 매일 근면하고 충실하게 살다보면 그 하루들이 모여 어떻게든 내가 원하는 모습이 되지 않겠느냐고 생각해 왔다. 그러나 인생의 방향을 설정하지 않고 열심히 살아간다는 것은 생을 마감하는 그날 어떤 모습일지 예측할 수 없다는 의미다. 후회도 소용없다. 인생의 설계도가 없던 것을 누구의 탓으로도 돌릴 수 없을 테니.

지금이라도 살아온 삶을 돌아보며 내가 진정으로 원하는 것이 무엇인지 진지하게 물어보는 시간을 가져보자.

우선 꿈부터 찾아내자. 꿈을 이루는 방법을 미리 걱정하지 말고 '나는 이 생애에서 무엇을 이루고 싶은가'라는 질문으로 가슴 깊은 곳 내면의 소리를 찾아내자.

실현의 방법은 그 이후에 찾아도 늦지 않다. 삶은 속도가 아니라 방향이다.

08

내가 보는 것이 곧
내가 얻는 것이다.

✦✦✦✦✦✦✦✦✦✦✦✦✦✦✦✦✦✦✦

"목표가 있는 사람들은 성공한다. 그들은 어디로 가야 할지 알기 때문이다. 단지 그 이유뿐이다."

-오디오 출판의 세계적 선도자 얼 나이팅게일 회장

인간은 마음이 향하는 곳으로 얼굴을 돌린다. 그리고 얼굴이 향한 방향으로 직립보행을 한다. 그래서 마음은 내가 생각하는 방향으로 이끌어주는 자석과 같다. 사람은 가고자 하는 방향을 향해 앞으로 가는 존재다. 사업가를 목표로 두면 새로운 사업과 관련된 인맥과 정보에 귀와 눈이 번쩍 뜨인다. 성공한 사업가들이 모이는 장소에 참여해 정보를 교환하고 이들과 만남을 자주 갖는다. 발명가가 되고 싶다면 세상이 온통 발명할 거리로 넘치는 새로운 기회의 세상이 된다. 나와 같은 꿈을 가진 동료 발명가들과 모임이 많아지고 다양한 발명대회의 정보를 공유하면서 서로의 꿈을 지원해 주는 모임을 갖는다.

내가 '끌어당김의 법칙'을 알게 된 것은 론다 번의 《씨크릿》과이지성 작가의 《꿈꾸는 다락방》이 발간된 2007년 중순이었다. 더 나은 삶에 대한 갈망으로 가득 차 있었던 나는 이 법칙에 마법처럼 매혹되었다. 원하는 소망을 종이에 적고 긍정선언문을 외치며 바라는 것은 이미 이루어졌다고 감사해 가는 재미가 쏠쏠했다. 하지만 이런 감정은 지속되지 않았다. 새롭게 자극받아 내 진정한 꿈을 찾는 여정에서 질문이 생겼다.

'왜 어떤 것은 쉽게 성공하는 듯 느껴지고, 어떤 것은 아무리 노력해도 이루어지지 않는 것일까'에 대한 궁금증이었다. 나는 곧 끌어당김의 법칙과 잠재의식 관련 책들을 읽기 시작했다. 내가 얻게 된 결론은 이랬다.

나는 내 궁금증을 해결할 첫째 원리를 김상운 저자의 《왓칭》을 통해서 얻었다. 저자는 책에서 "미립자를 입자로 생각하고 바라보면 입자의 모습이 나타나고, 물결로 생각하고 바라보면 물결의 모습이 나타난다고 했다. 이 현상을 '관찰자 효과'라고 부른다. 다시 말해 미립자는 눈에 보이지 않는 물결로 우주에 존재하다가 '내가 어떤 의도를 품고 바라보는 바로 그 순간 돌연 눈에 보이는 현실로 모습을 드러낸다."라고 설명했다.

물리학의 '관찰자 효과'는 끌어당김의 법칙 기본이 되는 원리였다. 전직 엔지니어 출신인 콜리 크러처는 저서 《일렉트릭 리빙》을 통해 과학적 원리를 기반으로 끌어당김의 법칙을 설명하고 있다. 이 책을 읽고 나서야 꿈이 있는 사람의 미래가 다를 수밖에 없는 이유를 명확하게 이해할 수 있었다. 그 원리를 이해하면 '내가 보는 것이 곧 내가 얻는 것'이라는 단순한 진리를 깨닫게 된다. 이것이 바로 '의식이 창조하는 미래'다.

소망을 이루기 원한다면 이제 세 가지 원칙을 이해하는 것이 중요하다.

첫째는 모든 것은 에너지라는 원칙이다. 에너지는 고정된 것이 아니며 언제든 변화할 수 있다. 이것은 끌어당김의 법칙을 직관적으로 이해할 수 있는 첫 번째 관문이다.

둘째는 의식을 창조한다는 원칙이다. 관찰자 효과에서 언급했듯 관찰자가 그것을 보기로 결심하면 그 모습으로 창조된다. 사람은 자신이 생각하고 집중한 것을 끌어당기며 생각한 대로 된다. 우주의 창조자이자 관찰자인 우리는 현실에서 보고자 하는 것, 즉 원하는 목표를 적고 의식하며 원하는 것을 창조해 간다.

셋째는 인간과 신의 파트너십이 잠재의식으로 작동 한다는 사실이다. 심장은 두뇌가 발생시키는 자기장보다 5천 배 더 강력한 자기장을 발생시킨다. 그래서 끌어당김의 법칙을 좀 더 빨리 실현하기 위해 원하는 순간이 이루어진 것을 상상해야 한다. 간절히 원하는 것을 이루었을 때 심장의 느낌은 매우 강하기 때문에 그 강도만큼이나 강력하게 끌어당김의 법칙을 구동할 수 있다.

지금 우리가 꾸고 있는 꿈은 우리의 미래를 결정할 것이다. 지금 우리가 어떤 모습으로 비춰지고 있든 그것은 과거 자신의 생각에서 비롯된 것이 분명하다. 지금 무슨 생각을 하고 있는지, 무엇을 원하고 있는지, 어떠한 감정을 느끼는 지에 따라 내일이 결정될 것이다.

09

끝의 관점에서
시작하라

◆◆◆◆◆◆◆◆◆◆◆◆◆◆◆◆◆◆◆

"성공의 비결은 끝에서부터 시작하는 것이다. 성공은 빈손으로 처음부터 시작해서 수많은 과정을 겪으며 죽도록 고생한 다음 마지막에 얻게 되는 것이 아니다. 당신이 평생 이루고 싶은 꿈과 소원이 있다면 그것의 끝이 무엇인지를 찾고 거기서 부터 시작하라."
- 《크게 성공하는 비결》김열방 -

나는 외국계 회사에서 북아시아 디지털 혁신을 총괄하고 있다. 한국은 IT 정보기술이 최첨단으로 발달되어 있고 국민들의 IT 이해 수준과 활용도가 높기 때문에 한국 시장에서 최초로 시도해 성공하면 다른 나라로 전파시키는 경우가 많다.

그러나, 최근 아시아의 개발도상 국가들은 한국의 IT를 단계를 그대로 따라 하지 않는다. 중간 단계를 생략하고 바로 최신의 기술로 제공되는 서비스나 상품으로 이동하는 경향이 두드러지게 나타나고 있다. 인터넷 보급률이 높아지는 시장에서 PC가 대중화되고 그 다음 핸드폰 사용자가 늘어나고, 마지막 스마트폰 사용자가 늘 것으로 생각한다면 그것은 계단식 접근 방식이다. 실제로는 중간 단계를 건너뛰고 마지막 단계인 스마트폰의 대중화로 바로 이동하는 현상을 보이고 있다. 즉, 디지털식 접근 방법이 보편화된 시대에는 굳이 아날로그 시대처럼 순차적인 단계를 따를 필요 없이 원하는 단계로 바로 점프하는 것이 가능하다.

꿈도 같은 원리를 지니고 있다. 이렇게 급변하는 세상의 치열한 도전에서 성공하는 비결은 마지막 단계부터 시작하는 것이다. 실제로 빠른 기간 내 성공을 이룬 사람들을 보면, 그들은 꿈을 이룬 마지막 지점에서부터 시작했다는 사실을 알게 된다. 정확히 말하면 성공을 이룬 미래로 의식을 이동시켜 현재의 나를 바라보는 방법이다. 영화 〈백투더 퓨처〉에서처럼 미래의 성공한 내가 혼란스러워하는 오늘의 '나'를 바라보며 조언하는 식이라고 생각하면 이해가 빠를 수 있다.

마케팅 전문가인 신병철 박사는 저서 《리츄얼》에서 '먼저 행동하면 마음은 따라온다.'고 설명했다. 행동이 인지에 미치는 영향을 분석하기 위해 '이빨로 볼펜 물기' 실험이 소개되는데, 펜을 이빨 사이에 물고 웃을 때 사용되는 근육을 활성화 시킨 A 그룹과 그렇지 않은 B 그룹으로 나누어 동일한 만화를 보여주면 A 그룹이 더 재미있다고 인지한다는 실험이다. 웃을 때 사용하는 근육을 쓰면서 사물을 바라보면 뇌는 인간의 표정에 속아 실제로 행복하고 즐거운 상태라고 착각하게 된다. 이렇게 행동의 변화에 따라 인식과 태도 등이 함께 변화하는 것을 심리학 용어로 '체화 인지(Embodied Cognition)'라고 한다. 몸과 마음은 닭이 먼저인지 달걀이 먼저인지 모를 정도로 상호 밀접한 관계를 갖고 있다는 의미다.

이 실험은 누구나 곧바로 행복해질 수 있다는 사실을 증명한다.

지금 행복해지고 싶다면 웃으면 된다. 재미있는 만화나 개그 프로그램을 볼 때만 웃지 말고 항상 웃는 것이 자연스러운 습관이 된다면 다른 사람과 원만한 인간관계를 형성할 수 있다. 행복해서 웃는 것이 아니라 웃어서 행복해지는 것이다. 이것이 바로 끝에서부터 시작하는 방식이다. 웃는 행동을 시작함으로 내가 원했던 행복을 빠른 시간 안에 효과적으로 얻는 것이다.

고전적인 심리학이 사람의 마음을 먼저 이해하고 행동에 어떤 영향을 미치는지 보는 것이었다면 최근 연구된 '체화 인지'는 이와 반대다. 먼저 몸을 움직이면 그 행동에 연관된 기억이 활성화되고 연상되어 그 결과로 사고가 변화한다는 것이다. 빠른 실행력을 가진 나에게 '체화 인지'는 새로운 가능성을 보여준 이론이었다.

끝에서 시작했을 때 좋은 점 네 가지는 다음과 같다.

첫째, 세월을 벌 수 있다. 둘째, 우리가 원하는 것을 이룬 상태, 즉 꿈에 초점을 잃지 않고 효과적으로 매진할 수 있다. 셋째, 내가 원하는 성공을 이미 이룬 사람과 네트워킹할 기회가 많아진다. 나의 의식 속 나는 '이미 원하는 것을 이룬 사람'이므로 그것을 공유할 사람들과 교류가 많아진다. 넷째는 꿈으로 공고하게 맺어진 성공한 사람들의 지원을 받아 더 멀리, 더 크게 내다볼 수 있다.

막연하게 '~했으면 좋겠다.' 정도는 부족하다. 차근차근 단계를 밟는 고정관념을 뒤집을 용기와 결단이 필요하다. 원하는 것을 얻고 싶다는 신념이 확고할수록, 꿈의 크기가 클수록 끝에서부터 시작하는 것은 더욱 효과적이다. 작은 꿈이든 큰 꿈이든 그것을 이루기 어려운 정도는 비슷하다. 꿈에 대한 강한 신념이 있다면 꿈을 이룰 수 있는 에너지는 꿈의 크기에 비례해 기하급수적으로 증폭된다. 미래의 꿈이 클수록 현재로 밀려오는 변화의 파도는 커진다. 나는 다만 밀려오는 파도에 매몰되거나 서핑을 즐기는 둘 중 하나를 선택할 뿐이다.

내 삶의 주인은 나다. 꿈의 크기를 정하고 이룰 사람은 어느 누구도 아닌 바로 나 자신이다. 내가 진정으로 원하는 것이 확실하다면 그 꿈을 이뤘을 때 행복해할 나의 모습에만 집중하자. 진심으로 원한다고 말하면서 행동하지 않는다면 그것은 진정으로 원하는 것이 아니다. 진짜 열정은 몸을 자동으로 움직이게 충동질한다. 지금이라도 늦지 않았다. 아이가 한창 사춘기에 접어들어 오만 가지 신경을 써야 한다는 변명도, 한창 성적이 오르고 있는 중요한 시기라는 이유도, 현관문을 열자마자 밥 타령을 부르는 남편 때문이라는 생각도 지금 당장 벗어버리자.

당신에게 진짜 열정이 있다면 지금 당장 결단하고 움직여야 한다. 그래야 원하는 것을 얻을 수 있다. 원하는 것을 얻기 위한 노력과 투자 없이 늘어놓는 불평은 푸념이다. 무서운 것은 그 푸념과 걱정의 세월이 길어지면 더 이상 무엇을 원한다는 소망조차 갖지 않는다는 사실이다. 이제 모든 의식을 원하는 것에 집중해보자. 단 하루라도, 아니 단 몇 시간, 혹은 몇 분이라도, 내 경험을 토대로 확신하건데 겁먹을 필요는 없다.

우선 행동하면 이루기 위한 방법들은 모두 찾아질 것이다.

단, 꿈을 이룰 수 있는 시간은 제한되어 있다. 어떤 재산보다 소중히 여겨야 할 것은 바로 내 시간 즉 1분 1초다.

5장

실천 Tip
아이와 나누는 꿈은
현실이 된다

01
재능, 흥미,
열정 연결하기

"좋아하는 일을 하는 것보다 더 중요한 것은, 한번 시작한 일을 좋아하는 것입니다."
- '사장이 되는 방법' 김봉진 대표 -

"행복의 비밀은 자신이 좋아하는 일을 하는 것이 아니라 자신이 하는 일을 좋아하는 것이다." 세계적인 동기부여 전문가이자 만화예술가인 앤드류 매튜스의 말이다.

이 말에 대한 내 결론은 그 일에 푹 파묻혀 몰입해보기 전까지 정답을 알 수 없다는 것이다. 내가 정말 그 일을 좋아하는지 파악하는데 충분히 빠져서 그 일을 해보는 것만큼 확실한 것은 없는 듯하다. 그러니 어느 정도 시간과 노력 투자는 필수다.

잘하는 일은 주변의 칭찬을 받으니 자부심이 높아진다. 그러다 보면 자연스레 그 일을 좋아하기 쉽다. 거기다 성과가 바로 나오는 일이라면 일을 잘해서 좋은지 좋아해서 잘하는 것인지 선후관계 구분도 어렵다. 그렇기 때문이라도 재능과 흥미의 행복한 교집합을 찾기 위해 마음이 끌리는 그 일을 꽤 잘할 수 있을 때까지 해보는 것은 매우 중요하다. 성과도 곧잘 내며 주변의 칭찬을 듣기에까지 이르렀는데 무언가 만족감이 떨어지지는 않는지 판단해보기 위해서다.

나는 학부와 석사 전공 모두 컴퓨터공학이다. 컴퓨터 프로그래밍에 재능이 있었고 새로운 기술에 큰 흥미를 느꼈다. 특히 컴퓨터를 학문으로 공부하는 것보다 경영에 접목해 수익을 창출하는 것에 관심이 높았다. 학교를 마친 나는 곧바로 유망 산업으로 주목받던 이동통신회사에 취직했다. 회사에 입사해 최신 IT 트렌드와 혁신 기술로 새로운 서비스를 개발할 때면 그 일이 너무 재미있어서 가슴이 미친 듯 콩닥거렸다. 아무도 시도해보지 않은 신규 프로젝트를 시작할 때면 세상에 아직 공개되지 않은 신비를 내가 처음 맛보는 것처럼 '야, 정말 맛있겠다!'라는 생각에 군침이 돌기도 했다. 고객 데이터 기반의 마케팅 프로젝트에 한창 몰입했을 때는 새벽 4시에 일어나 출근 준비를 마치고는 해가 빨리 뜨기만 기다렸던 기억이 생생하다. 가장 이른 대중교통으로 깜깜한 사무실에 제일 먼저 도착해 컴퓨터가 부팅되길 기다렸다. 이렇게 재미있는 일을 배우며 월급까지 받으니 정말 행복하다고 되뇌곤 했다.

신기술 기반의 새로운 서비스를 개발하는 업무는 과감한 도전을 좋아하는 내가 잘하면서도 매력을 느낀 분야다. 매일 일과 하나가 돼서 신 나는 나는 춤을 추듯 일에 몰입하니 자연스럽게 성과가 나왔고 인정도 받았다. 이 일은 내게 재능과 흥미의 교집합이 되는 일이었다. 그러다 이 분야의 전문가로 성공하고 싶다는 업무적 목표를 갖게 되었다. 회사에 고용된 것인지 내 회사를 차린 것인지 구분이 안 될 정도의 애정을 가졌던 것 같다.

소비자의 니즈와 숨겨진 욕구를 파악하고 제품이나 서비스의 효용 가치를 극대화하는 마케팅은 정말 매력적이었다. 소비자 관점에서 만족할 만한 가치를 전달하는 마케팅이야말로 기업의 핵심 활동임을 깨달으며 지속적인 관심을 갖게 되었다. 마케팅을 향한 나의 강한 열망 때문이었는지 '디지털 마케팅'이라는 신설 업무를 맡아달라는 제안으로 현재 회사로 옮기게 되었다. 내가 잘하는 것은 컴퓨터였고 좋아하는 것은 기술을 경영에 접목하는 것이었다. 그리고 그 당시에 하고 싶은 일은 디지털 기술을 활용해 소비자와 진정성을 기반으로 꾸려진 '디지털 마케팅'이었다.

나는 40대 중반이 된 얼마 전부터 '초고령화 시대'를 대비한 향후 30년 로드맵 준비를 시작했다. 현재의 디지털 마케팅 전문성을 이어 가면서 정말 내가 하고 싶은 일과 접목되는지가 관건이었다. 그런 고심으로 확정된 나의 꿈이 바로 IT 혁신 기술 기반의 청년 창업을 도와주는 일이다. 청년 사업가들이 혁신적인 아이디어와 상상력을 사업화하고 경제적 성과를 창출할 수 있도록 전문 멘토링을 해주고 스타트업 마케팅, 기업의 자금 조달 등 사업 초기에 필요한 전체 프로세스를 도와주는 컨설팅 서비스 회사다. 이 꿈은 신기술, 신규 서비스와 사업모델, 신규 스타트업 발굴, 디지털 마케팅 등 지난 20년의 내 경력이 총망라된 것이다.

지금 돌아보니 내가 그동안 걸어왔던 경력의 흐름이 처음부터 내 인생의 빅 픽처를 그려 놓고 하나씩 준비해 왔던 것처럼 퍼즐조각이 딱 맞아 떨어진다. 감사하게 운도 따라주었고 주변의 도움도 많이 받았다. 하지만 많은 선택의 기로에서 중요한 판단을 앞에서 내가 가장 많은 의지를 했던 것은 내 직감이었다. 의사결정을 해야 할 때 이득과 손해 평가표를 그려놓고 분석하기보다 내가 정말 원하는 것을 스스로 묻고 답을 기다린 결과였다. 대부분 내 마음이 진심으로 원하는 길을 선택하면 힘든 장벽을 만나도 크게 힘들게 느껴지지 않았다.

하지만 다른 사람이 원하기 때문에, 그렇게 하는 것이 남들 눈에 좋아 보일 것 같아서 선택한 일들은 조금만 힘들어지면 포기할 이유와 변명을 계속 만들어냈다.

현재는 내가 완성한 꿈 로드맵 덕분에 사소한 감정이나 미래에 대한 불안감에 휘둘리지 않아서 좋다. 평정심을 갖고 오늘 해야 할 일에 집중할 수 있어서 정말 행복하다.

나의 미래를 내가 원하는 방향과 속도로 편안하게 운전하고 있는 느낌이 드니, 이 방법을 아이들에게 권해야겠다는 확신이 들었다. 이내 두 아이를 앉혀 놓고 본인들이 좋아하는 것, 잘하는 것, 하고 싶은 것을 그리는 로드맵 설계를 도왔다.

분명 아직 어린 아이들이니 앞으로 더 큰 호기심으로, 더 잘할 수 있는 다른 분야를 찾게 될지 모른다. 아이들의 꿈도 분명 바뀔지 모른다. 중요한 것은 앞으로 달라질지 모르는 꿈 앞에서 그 기회들을 단절시키지 않는 엄마의 마인드다. 나는 아이가 어떤 관점에서 기회를 해석하고 활용할 수 있는지, 판단할 수 있는 자신만의 기준점을 알려 주고 싶었다. 그렇지 않으면 손정의 회장이 지적했던 것처럼 평생 어느 산을 오를지 고민만하다 산 입구에서 인생을 마감하는 상황이 벌어질 수도 있기 때문이다.

어떤 산을 오를지 선택하는 것도 중요하지만, 포기하지 않고 그 산의 정상까지 올라가는 것은 매우 중요하다. 산의 초입에서 어느 산을 오를지 고민하느라 시간과 에너지를 너무 많이 소진하면 산의 정상에 오르기도 전에 지치게 된다.

그러니 내면의 확신으로 그 산을 선택했다면 오직 정상을 향한 일념으로 주변을 두리번거리지 말고 한 발 한 발 앞으로 나가도록 가르치자. 그러면 어느새 자신이 선택한 산의 정상에서 시원한 공기를 마시고 있는 나, 그리고 우리 아이를 발견할 수 있게 될 것이다.

02
'참 나'를 알아가는 중요한 질문들

"이런 물음을 던져보세요. '나니까 살 수 있는 삶을 살고 있는가?'"
- '인문정신의 내적논리, 단독성과 보편성' 강신주 철학 박사 -

"운명이 레몬을 주었다면, 그것으로 레몬에이드를 만들려 노력하라." 인간 경영과 자기계발 분야의 최고 컨설턴트인 데일 카네기가 한 말이다.

나의 꿈을 설정하는 과정에서 가장 중요한 출발점은 나 자신에 대한 정확한 분석이다. 내가 이미 갖고 있는 것이 무엇인지 깨닫는 것이다. 무언가 새로운 것을 얻기 위해 들이는 노력보다 내가 태어나면서 갖고 있는 나 자신의 고유한 빛깔을 파악하는 것은 더 효율적인 일이다. 내 손에 최상 품질의 레몬이 있는데 자꾸 사과주스를 만들려고 하면 최고 품질의 레몬에이드를 만들 수 있는 기회는 없어진다.

아래에 나를 분석하는 과정에서 사용하면 좋은 질문들은 정리해보았다. 나의 기본 정보를 수집하기 위한 질문과 '내가 잘하는 일', '내가 좋아하는 일', '내가 하고 싶은 일'을 파악하기 위한 질문이다.

첫째 '나'에 대한 기본 정보를 수집하기 위해 자기 분석에 도움이 되는 질문이다. 빈 노트를 꺼내 내가 나 자신을 인터뷰하듯 한 문항씩 적어 내려간다. 지금까지 추상적으로 알던 나 자신을 영화 속 주인공처럼 객관적으로 묘사한다. 그림이나 스케치를 곁들여 묘사해도 좋다.

- MBTI 검사, 애니어그램 테스트: 사람의 유형을 객관적으로 분류해 놓은 테스트들로서 내가 어떤 유형에 속하고 어떤 성향을 갖고 있는지 파악할 수 있다. 자신을 올바른 방법으로 사용할 수 있는 도구로 활용되며, 자기 무시 혹은 자괴감과 같은 불필요한 감정에서 벗어날 수 있는 자아발견 도구다.
- 나의 ID들, 영어 이름, 별명, 애칭들: ID는 중요하게 생각하는 것, 혹은 그 당시 나의 관심사가 반영돼 있다. 다양한 곳에서 사용하는 나의 이름들을 적어본다.
- 나만의 노아의 방주 탑승자 만들기: 열 명만 태울 수 있는 노아의 방주가 있다. 나는 과연 그곳에 누구를 태울 것인가? 바로 떠오르는 사람들을 한 명씩 적어본다.

- 나의 가치관, 삶의 철학: 내 삶의 가치관을 한마디로 표현하는 나만의 격언을 만들어본다. 나의 마음을 움직였던 격언을 그대로 사용해도 좋다. 소리 내어 읽었을 때 내 마음 깊은 곳에서 진동이나 울림이 느껴지면 자신이 지향하는 가치관을 담은 말이라고 생각할 수 있다.

- 나를 묘사하는 단어 세 개 고르기: 스마트 폰 연락처에 있는 지인 50명에게 "저를 생각하면 떠오르는 단어 세개를 문자로 바로 보내주세요."라고 요청한다. 지인을 선택할 때는 가족, 친구, 회사 동료, 학교 동창, 기타 모임 등 다양한 그룹에 문자를 보내는 것이 좋다. 지인들이 보내 온 답들을 정리해 가장 많이 나온 단어 중 세개를 고른다.

- 내가 못해서 꾸중을 들었던 일: 시간 순서보다 강렬하게 남아 있는 기억부터 떠올린다. 언제 누구에게 어떤 일 때문에 혼이 났는지 그 때 감정은 어땠는지 적어본다. 그 이후 개선하기 위해 어떤 노력들을 했는지 혹은 그 상태 그대로 덮어두었는지 정리해 본다. 당시 나의 상황도 함께 적는다. 원래는 잘했던 일인데 슬럼프에 빠져 그런 것인지 아니면 그 일에 대해 아예 소질이 없던 것인지 적어본다.

- 심한 열등감을 느꼈던 사건: 생각만 해도 자존심이 상해 울컥하거나 참을 수 없이 화가 났던 사건을 적는다. 왜 그렇게 느꼈는지, 그런 기분을 느끼게 한 사람에게 화가 난 것인지 아니면 나 자신에게 화가 난 것인지 분석해 본다. 이때 나의

감정과 하나가 되지 말고 TV 드라마에 나온 주인공을 분석하듯 관찰자 관점으로 정리한다.

둘째, '내가 잘 하는 일'이 무엇인지 생각해본다. 나의 숨겨진 재능을 파악할 수 있다.

- 내가 잘해서 칭찬이나 상장을 받았던 일: 아주 어렸을 때 일들은 잘 떠오르지 않는다. 그러니 가장 최근 일부터 거슬러 가면서 칭찬받았던 시기와 함께 누구에게 어떤 일로 칭찬받았는지 적어본다. 칭찬받았던 내용 중 '착해서, 똑똑해서' 등의 추상적인 것이 아니라 '수학 성적이 올라서, 프로그램 경진대회에 입상해서' 같은 구체적인 이유를 적는다. 학창 시절 받은 상장의 제목을 살펴보거나 성적표 또는 생활기록부에 적혀 있는 선생님 의견을 읽어보는 것도 도움이 된다.

셋째, '내가 좋아하는 일'은 무엇인지 질문한다.
정말 좋아하는 일이라면 항상 생각하고 있는 일이므로 질문에 바로 대답이 튀어나오는 것을 알 수 있다.

- 오랫동안 행복하게 몰입했던 일: 밤새 해도 피곤하지 않고 푹 빠져 시간 가는 줄 몰랐던 일이 무엇이었는지 떠올린다. 내가 좋아하는 일은 혼자 해도 즐겁고, 할수록 에너지와 활력

이 생긴다. 하루 대부분의 시간을 이 일에 대해 생각한다. 일상생활에서도 이 일과 관련된 새로운 아이디어들이 계속 쏟아져 나온다. 시간이 나면 이 일을 하고 싶어진다.

넷째, '내가 하고 싶은 일'이 무엇인지 적어본다.
이 일은 내가 잘하거나 좋아하는 일일 수도 있고 한 번도 해보지 못했던 일일 수도 있다.

- 아무런 제약이 없다면 꼭 해보고 싶은 일: 나도 모르게 이 일에 대해서 계속 얘기하고 관련된 얘기를 할 때 행복하다. 시간이 날 때마다 이 일을 생각하고 있으며, 계속 이 일과 관련된 정보가 수집된다. 나도 모르는 사이 이 일과 관련된 정보를 찾고 있으며, 이 일을 하는 사람들은 만나고 있다. 이 일에 종사하는 사람들을 보면 부럽고 샘이 난다. 이 분야에서 잘하지 못하는 사람이 있으면 속상한 마음이 들며 심하게 비판을 한다. 내가 이 일을 한다면 훨씬 더 잘할 수 있을 것 같다는 자신감이 생긴다. 다른 사람들을 만나면 내가 이 일을 해보면 어떻겠냐고 열성적으로 조언을 구하기도 한다.

- 나의 묘비명: 내 생애 이것만 이루어진다면 눈을 감는 순간 여한이 없겠다고 생각되는 일을 적는다. 내 인생에서 이 일을 하지 않았다면 정말 허무할 것 같은 일을 떠올려본다. '나는 내가 진심으로 원하는 일을 하면서 살았으므로 결코

여한이 없다. 진심으로 행복하다.'라고 말할 수 있는 일을 적는다.
- 나의 성공 무대: 나의 꿈이 드디어 이뤄져 내 인생 최고의 축하 무대를 갖게 되었다. 내 책의 출판기념회가 될 수도 있고 연주회가 될 수도 있고 내 힘으로 연 가게나 기업의 창업이 될 수도 있다. 이 순간은 과연 어떤 순간이며 이때 나는 맨 앞자리 10석에 '과연 누구를 초청해 어느 좌석에 앉힐 것인가?'를 떠올려 본다.

이렇게 만들어진 나에 대한 분석 내용을 파워포인트 문서로 정리해 보았다. 지금까지 나는 자신에 대해 소개할 때 가족 관계, 주소, 출신 학교, 직장, 직함, 담당 업무에 대해 설명했다. 그러나 나의 성향, 가치관, 재능, 흥미, 열정, 꿈에 대해서 얘기해본 적이 없었다. 그 이유는 단 한 번도 나 자신에게 그런 질문을 하지 않았기 때문이다.

마치 '당신은 누구입니까?'라는 질문에 '나'라는 알맹이는 쏙 빠지고 나는 현재 '이런 옷을 입고 이런 집에 살고 있어요.'라는 외부 상황을 알려주며 그게 나라고 하는 것과 같았다. 그러므로 오늘뿐 아니라 내일의 나도 '진짜 나'라는 알맹이는 없다. 이렇게 알맹이가 빠지면 오직 '남들 눈에 보이는 나'라는 외부요인들을 만족시키며 살게 된다.

아이들과도 함께 위 질문을 나누며 처음으로 내 아이의 알맹이를 알 수 있었다. 아이 둘 모두 초등학생이라 이 많은 질문에 답을 채울 수 없을 줄 알았는데 생각보다 훨씬 다양하고 창의적인 내용들이 쏟아져 나왔다. 엄마였던 나도 미처 파악하지 못했던 아이들의 모습과 아이 자신도 몰랐던 부분을 함께 발견하며 문서로 정리해 놓았다. 아이들도 자기 발견 놀이라도 하듯 무척 재미있어했다. 그렇게 자신에 대한 분석을 마친 후 '나는 누구인가'에 대해 돌아가며 발표하는 시간을 가졌다. 가족이라는 이유로 이미 모든 것을 알고 있는 줄 알았는데 우리는 서로에 대해 너무 모르고 있었다는 사실이 놀라웠다.

 이 시간 덕분에 세상에서 가장 소중한 가족에 대해 많이 알게 되어 정말 기쁘다. 가족 한 명 명을 한 인간으로 알 수 있는 매우 귀중한 시간이었다. 이제야 우리는 진정한 '참 나'들로 구성된 하나의 가족이 되었다.

03
눈을 감으면
더 선명해진다

"원하는 것이 있다면 이미 받을 줄로 믿어라. 그것들을 실제로 소유하고 있다고 믿어라. 원하는 것을 실제로 사용할 때와 같은 느낌을 가져라. 그 이미지가 마음속에서 뚜렷하고 분명해질 때까지 계속 반복해서 상상하라. 어느 순간 일부러 상상하지 않더라도 마치 내가 소유하고 있다는 착각이 들 때 그것은 현실에 나타나게 된다."
-《이미 이루어진 것처럼 살아라》, 김태광 작가-

"미래는 예측하는 것이 아니라 상상하는 것이다." 세계적인 미래학자 앨빈 토플러는 《미래쇼크》, 《제3의 물결》, 《권력이동》, 《부의 미래》 등 수많은 미래 서적을 출간하며 과거 상상력이 오늘의 현실이 되었고, 오늘의 상상력이 우리의 미래가 된다고 설명했다.

즉 '지금 상상하지 않는 것은 미래에도 일어나지 않는다'로 해석된다.

신사상 운동에 막대한 영향을 끼친 형이상학자 네빌 고다드는 "상상은 우리가 얼마나 주의를 기울이느냐에 따라 우리의 요청을 모두 들어줄 수 있다."며 상상력을 통해 원하는 것을 성취하는 방법을 가르쳤다.

　인간은 현실적응력이 매우 강한 존재다. 그래서 주사람들과 관계를 유지하며 오늘을 산다. 그렇게 현실에 적응하며 살아온 과거가 오늘의 나를 만들었다. 그러나 지금의 내 모습이 아닌, 미래의 다른 나를 원한다면 현재와 다른 미래 모습을 계속 일깨워줘야 한다. 나의 꿈이 무엇이었는지, 그 꿈을 이뤘을 때 내 모습은 어떤 모습인지를 의식과 잠재의식 속에 지속적으로 각인시킬 때 미래의 내가 만들어진다.

　그 원리를 사랑에서 발견할 수 있다. 어떤 사람과 사랑에 빠지면 그 사람을 하루 종일 생각하게 되고, 그 사람과 더욱 가까워질 수 있는 방법을 고민하게 된다. 다른 일은 손에 잡히지 않는다. 그 사람과 친해질 수 있는 번뜩이는 아이디어들이 떠오르고 그런 기회가 오면 절대 놓치지 않는다. 그 사람의 마음에 들기 위해 모든 감각을 동원하고 그가 원하는 행동과 말을 하려고 노력한다. 사랑에 빠진 기간에는 모든 사물 위에 그 사람의 얼굴이 겹쳐 보일 정도로 그 사람에 대한 생각이 머리에서 떠나지 않는다.

　꿈도 마찬가지다. 꿈은 내가 되고 싶은 나의 미래와 사랑에 빠지는 것이다. 내가 되고자 열망하는 미래에 홀딱 반해 생각만 해도 숨이 막힐 정도로 기분이 좋아진다. 꿈을 이루기 위한 아이디어들이 자꾸 떠오르고 벌써 행동으로 실천하고 있는 자신을 발견하게 된다.

　나의 미래에 대한 사랑이 식어버리면 더 이상 그것을 이루기 위한 생각과 노력을 하지 않는다. 그렇게 되면 오늘은 어제의 생각과 행동의 연속이므로 절대로 내가 원하는 미래를 만들어 갈 수 없다. 되고 싶은 미래의 모습에 대한 사랑이 식어버리면 그 꿈은 절대로 이뤄지지 않는다. 이것은 마치 누구를 진심으로 사랑한다고 입으로 말하면서 하루에 한 번도 그 사람을 생각하지 않는 것과 같은 모순이다. 가슴이 두근거릴 정도로 사랑한다면서 그 사람을 하루 종일 한 번도 생각하지 않을 수는 없다.

사랑하는 사람은 실체가 있기 때문에 만져볼 수 있고 현실에서 행복한 경험을 하며 구체적인 추억을 함께 만들어 갈 수 있다. 그러나 꿈은 여전히 나의 상상 속 존재다. 그렇기 때문에 꿈에 대한 사랑의 온도를 유지하려면 처음 꿈을 가졌을 때 느꼈던 황홀한 감정과 기분을 계속 유지할 수 있는 자신만의 방법이 필요하다.

내가 가진 도구는 '꿈의 신전'과 '보물지도'다. 꿈의 신전은 꿈의 포트폴리오를 시기와 꿈의 종류별로 도식화해 한 장으로 정리한 것이다. 나는 이것을 컬러로 출력해 내 책상 앞에 붙여 놓았다. 단기 목표의 작은 꿈들 중에는 이미 이루어졌거나 방향이 약간 수정된 것들도 있다. 그럴 경우 내용을 수정해 새로운 버전 표시를 하고 프린터로 출력해 붙여 놓는다. 현재 나의 버전은 네번 정도 조금씩 수정되었다. 내가 지금 사용하고 있는 꿈의 신전 양식은 메타브랜딩 박항기 대표와 비타미나스 김유정 대표가 운영하는 퍼스널 브랜딩 워크숍(Personal Branding Workshop) 과정에서 배운 것이다.

보물지도는 내가 꿈을 이뤘을 때의 모습, 갖고 싶은 것, 가고 싶은 장소, 닮고 싶은 롤모델 등에 대한 사진이나 이미지를 큰 코르크 보드 판에 붙여 놓은 것이다. 내가 매일 현실에 적응하면서 꿈에 대해 느꼈던 사랑의 감정이 식지 않도록 잠재의식에게 꿈의 이미지를 지속적으로 각인시키는 역할을 한다. 방의 벽면에 걸어 놓고 아침에 일어나자마자 선명한 이미지로 떠올리고 밤에 잠들기 전에 다시 상기시킨다. 낮에는 보물지도 사진을 스마트폰 배경화면으로 저장해서 일이 힘들거나 지칠 때마다 나를 깨우는 활력소로 활용한다. 이렇게 아침부터 저녁까지 꿈을 이미지 형태로 떠올리면 주변에서 발생하는 다양한 꿈과 연관된 기회들을 놓치지 않고 적극적으로 잡을 수 있다.

내가 매일 보물지도에 자극받아 열정적으로 꿈에 대해 얘기하고 관련된 일을 스스로 만들어 가는 것을 지켜본 사람들은 자신도 꿈을 갖고 싶다는 소망을 갖게 됐다. 내가 갖고 있는 보물지도를 보여주면 내 꿈을 쉽게 이해했으며 자신들도 보물지도를 갖고 싶다고 했다. 그렇게 관심을 보이는 사람이 꿈을 찾고 이룰 수 있도록 돕는 일은 황홀하기까지 하다.

일본의 성공철학가 모치즈키 도시타카씨는 보물지도를 통해 자신의 꿈을 이뤄가고 있다. 또한 자신의 보물지도를 활용해 사람들이 꿈을 이룰 수 있도록 도와주는 자기계발 회사를 설립해 운영 중이다. 그의 저서《당신의 소중한 꿈을 이루는 보물지도》에는 보물지도를 작성하는 8단계를 아래와 같이 제안하고 있다.

1단계 A1 크기의 커다란 종이나 코르크 보드에 OOO의 보물지도라고 쓴다.

2단계 종이 한가운데 혹은 눈에 띄는 곳에 당신이 행복하게 웃고 있는 사진을 넣는다.

3단계 갖고 싶은 것과 구체적인 목표를 나타내는 사진을 내 사진 주변에 배치한다.

4단계, 명확한 목표설정을 위해 사진으로 모두 채울 수 없는 기한이나 조건 등을 포스트잇 에 글씨로 적어 옆에 붙여 둔다. 이때 '모든 일이 전부 다 잘되고 있습니다. 감사합니다.', '보물지도대로, 또는 그 이상의 좋은 일들이 실현되었습니다. 감사합니다.' 라는 자기 암시 선언을 써넣는다. 이 단계에서 목표를 명확하게 설정하기 위해 상세 조건을 적고 범위를 좁혀 간다.

5단계 이 꿈이 당신과 당신이 사랑하는 사람들에게 어떤 도움이 될, 꿈이 갖고 있는 '의미'를 써 넣는다.

6단계 목표 달성이 당신 인생의 목적과 가치관에 잘 부합되는지 생각한다. 얼마나 강한 매력을 느끼느냐에 따라 성공 확률이 크게 달라진다. 성공한 사람들은 인생을 걸 만큼 멋진 꿈을 만났거나 자신의 꿈을 깊이 파고들어 누가 봐도 매력적인 것이 될 수 있도록 자신의 꿈에 생명력을 불어넣는다.

7단계 구체적인 첫 실천 단계로 행동 목표 이번 달, 이번 주, 오늘의 실천 사항을 써 넣는다. 포스트잇을 사용해 적어 넣고 오늘 한 일들은 떼어내 내일 할 일들을 적어 붙여 놓는다.

8단계 보물지도가 완성되면 눈에 띄는 곳에 붙여 두고 자주 바라본다. 가능하면 보물지도를 사진으로 찍어 수첩 속, 냉장고, 화장실 등 눈에 띄는 곳에 붙여 놓는다. 보물지도는 자주 볼수록 효과적이다.

내가 진정 원하는 것이 진정한 꿈이다. 내가 진심으로 원하지 않으면 그 방향으로 삶의 초점이 모이지 않는다. '꿈이 이뤄질 것'이라는 희망과 꿈에 대한 확신은 꿈을 이뤄주는 원동력이다. 매일 잠들기 전, 나의 보물지도를 쳐다보고 잠들고 매일 아침 일어나서 나의 보물지도를 첫 번째로 보게 된다면, 꿈은 잠재의식 속에 깊이 각인된다. 내가 미처 꿈을 생각하고 있지 못하는 동안에도 잠재의식은 끊임없이 나의 꿈에 도움이 될 만한 것을 끌어당긴다. 이렇게 천하무적의 비서를 고용했으니 꿈이 이루어지는 속도가 빨라질 수밖에 없다. 텍스트보다 선명한 사진이 훨씬 더 기억에 오래 남듯 꿈이 표현된 이미지를 매일 본다면 그 만큼 나의 꿈은 잠재의식에 깊게 새겨진다.

나는 새해가 시작되기 전 아이들과 함께 즐거운 놀이를 하듯 보물지도를 만들었다. 각자의 보물지도가 완성되자 각 이미지들의 의미를 공유하는 시간을 가졌다. 매일 아침에 일어나 제일 먼저 보는 곳, 잠들기 전에 항상 볼 수 있는 곳에 각자의 보물지도를 걸어 놓았다. 우리는 자신의 보물지도뿐 아니라 서로의 보물지도를 보며 함께 꿈을 응원하고 있다.

04
매일 손에 들고 다니는
꿈 여정표

━━━━━━━━━━━━━━

"성공하는 사람들은 자신이 진정으로 원하는 바를 절대적으로 명료하게 하는 데 모든 시간을 투자한 사람들이다."
— 브라이언 트레이시 —

"목표설정, 계획 그리고 꿈은 멋집니다. 하지만 그것을 실현하기 위해 행동하지 않는다면 그것은 여전히 목표이자, 계획이며 한낱 하룻밤 꿈으로 남게 될 것입니다."《CEO처럼 행동하라》의 저자이며 경영진 역량 개발을 돕는 전문 컨설턴트인 데브라 벤튼의 말이다.

그는 성공하는 CEO들의 공통점을 관찰한 결과 설정 목표에 모든 것을 몰두하는 강한 실천력을 발견했다. 꿈이라는 행운은 머리로 생생하게 상상하고, 마음으로 간절하게 바라고, 몸으로 우직하게 실천하는 사람이 거머쥔다.

나의 꿈 신전은 아홉가지 꿈의 포트폴리오로 구성돼 있다. 꿈의 신전을 만든 후에는 각 꿈에 대해 구체적인 실행계획을 세우는 것이 매우 중요하다. 꿈이 실현되는 시기는 단기, 중기, 장기로 나뉘어져 있다. 각 꿈이 이뤄지는 연도를 명확하게 표시하고 단기의 꿈들이 중기의 꿈을 이루기 위해 어떤 역할을 하고, 중기에 이루어질 꿈들이 장기적인 꿈을 이루는 데 어떻게 기여하는지, 그 선후 관계를 잘 정리하는 것이 중요하다.

실제로 꿈이 이루어지는 목표 시기를 명시하고 꿈들이 갖고 있는 상호 관계를 도출해내면 단기 꿈은 중기 꿈을 발전시키는 데 기여하고 중기 꿈은 장기 꿈들을 강화시키도록 설계할 수 있다. 이렇게 구성 하면 꿈의 포트폴리오는 연쇄적으로 탄력을 받아 완성되는 도미노 조각들처럼 연결되어 선이 되고, 선이 연결돼 멋진 면으로 완성된다. 꿈의 신전 지붕에 명시되는 단 한 개의 궁극적인 1번 꿈은 그 밑의 2번부터 5번까지 4개의 중기 꿈들이 지탱하고 그 밑의 6번부터 9번까지 4개의 단기 꿈들이 받쳐주는 구조로 되어 있다.

도식화된 꿈의 신전을 매일 쳐다보면서 자극을 받는 것만큼이나 당장 오늘과 내일 무엇을 해야 하는지 구체적인 실행 과제로 끌어내리는 것 또한 중요하다

그렇게 하기 위한 첫 번째 단계가 하나의 꿈 조각별로 상세 계획서를 작성하는 것이다. 상세 계획서 상단에는 그 꿈이 이루어졌을 때의 구체적인 정보나 모습을 마치 영화를 상영하듯 상세히 기록한다.

각각의 꿈별로 상세 계획서를 작성하면, 이때부터 꿈들은 종이 위에 기록된 글자가 아니라 살아 움직이는 영상이 되어 내가 할 일

"Digital 혁명과 파워 전도사로서
100개 창업 후원 /컨설팅 하기"

청년 기업가들이 창업 정보를 교류할 수 있는 인적 네트워크를 형성하고 필요한 자금을 연결시켜줌

중기

야망(2019)
1년에 책 1권씩 쓰기. 디지털 통찰력 및 커리어 컨설팅 관련 전문가가 되어 전 세계적으로 초청강연 다니기

소망(2020)
아이들이 본인의 능력과 잠재력을 살려 좋아하는 전문분야에서 꿈을 향해 매진하고 청년들이 언제든지 커리어 조언을 구하는 존경하는 선배 되기

욕망(2023)
남편과 1년에 2회 세계 여행 다니면서 둘만의 소중한 추억 만들고 꿈의 로드맵 구체화 및 더 큰 꿈으로 성장시키기

야망(2025)
미래혁신비즈니스에 잠재력 있는 청년 기업가들을 발굴하여 엔젤 펀딩하고 상호네트워킹 할 수 있는 한국형 벤처 문화 조성및 창업 지원 센터 만들기

단기

소망 (2015)
책 2권 쓰기
전문 분야 1권
커리어 컨설팅 1권

소망 (2014)
아이들과 남편도 꿈 세미나를 권유해서 꿈 찾게 도와주기, 매년 추억의 가족여행

야망 (2013)
회사 내·외부 강의 1년에 10회 이상 해서 주변 사람들에게 전문지식 전파하기

욕망 (2016)
소비자 맥락 기반 획기적인 모바일 쇼핑사업 모델 만들고 창업 자금 3억 마련하기

Copyright© 2012 by vitaminas All Rights Reserved

[꿈의 신전을 실행계획서로 만드는 방법]
1. 꿈의 신전에 있는 9개의 꿈에 대한 정보를 수집하여 상세 계획서로 만들기
2. 각 꿈을 이루기 위한 역산 계획을 수립하기
3. 각 꿈 별 구체적인 측정지표를 설정하기
4. 측정지표들의 목표수준(Target)를 정의하기
5. 꿈과 목표 달성을 위해 필요한 역량 정의하기

개인
직업
가족
사회

야망: 3개 **소망**: 3개 **욕망**: 2개
개인: 2개 **직업**: 2개 **가족**: 2개
사회: 2개

을 알려준다. 30년 후 미래로 이동해 내가 그 꿈을 이뤘을 때 일어나는 하루의 일상이 영화처럼 눈앞에 상영된다. 내가 있는 장소는 어디이며, 매일 만나는 사람들은 누구인지, 내가 그 꿈을 실행하면서 매일 하는 일들은 무엇인지, 그 꿈을 이뤘을 때 내가 갖추고 있는 역량이나 자격 등을 매우 상세하게 적어 내려간다.

1번 꿈부터 상세 계획서를 작성하기 시작하면 이 꿈을 완성한 상태가 되었을 때 내가 어떤 모습인지 명확하게 상상할 수 있다. 지금부터 내가 어떤 역량을 키워 나가야 하는지 해야 할 일들이 자동으로 떠오른다. 1번 꿈에 적게 되는 할 일들은 그 꿈을 지지해주는 네가지 중기 꿈들에 대한 구체적인 아이디어를 제공한다.

이렇게 '할 일' 칸에 1번 꿈을 이루기 위해서 해야 할 일들을 나열하고 각 일들이 완료되는 시기를 기록한다. 맨 아래 '인맥/단체' 칸에는 그 꿈을 이루기 위해 도움을 받아야 할 인맥과 관계를 형성해야 할 단체의 이름을 적는다. 벌써부터 구체적인 인물이 떠오른다면 그 사람의 이름을 함께 적는 것이 좋다. 이렇게 적어 놓으면 내가 지금 알고 있는 그 사람이 나의 대망, 1번 꿈을 실현하기 위해서 오랜 기간 동안 인맥을 돈독하게 유지해야 하는 중요한 사람이라는 것을 깨닫게 된다. 앞으로 그 사람과의 관계는 무엇보다 높은 우선순위를 갖게 되고 장기적인 관점에서 특별하게 관리해야 하는 대상이다.

아홉 가지 꿈들에 대한 상세 계획서를 최대한 구체적으로 작성한다. 누가 그 계획서를 읽어도 추가적인 질문 없이 영화처럼 생생하게 그릴 수 있도록 묘사되는 것이 중요하다. 오감을 총동원해 꿈을 이룬 미래 자신의 느낌이나 감정을 함께 적는 것이 크게 도움 된다. 감정을 동원해 꿈 상세 계획서를 작성하면 우뇌가 갖고 있는 직관력과 영감이 살아나 이성적인 좌 뇌가 미처 생각하지 못했던 상상력까지 충분히 활용한다.

이렇게 1번 꿈부터 시작해 9번 꿈까지 꿈의 신전에 정렬되어 있는 아홉 가지 꿈들에 대한 각각의 상세 계획서를 완료한다. 이 작업은 생각보다 시간이 오래 걸린다. 미래로부터 거꾸로 현재까지 줌인(Zoom in)하면서 모든 상상력을 총동원해야 하므로 몰입도가 높은 피곤한 작업이 될 수도 있다. 특히 관계를 맺어야 하는 인맥과 단체 부분에서는 인물들에 대한 조사도 해야 하고 단체가 하는 역할도 검색해야 하니 시간이 많이 걸리는 작업이다.

그래서 꿈 9가지의 상세 계획서를 단시일에 해치우려고 하지 말고 시간을 갖고 하나씩 9가지 색깔의 꿈 여행을 떠난다는 생각으로 여유를 갖고 즐겁게 진행하는 것이 좋다. 이를 완성하고 나면 내가 설정한 꿈에 대한 감이 잡힐 것이다. 단기 꿈들이 중기 꿈을 잘 지지하고 중기 꿈이 장기 꿈을 잘 지원하고 있다면 이 계획서가 완성된 시점에는 꿈이 확실히 이루어질 것 같은 확신에 가득 차서 덩실덩실 춤이라도 추고 싶을 정도로 기쁨에 넘치게 된다.

이제는 아홉 개의 꿈 상세 계획서에 정리한 '할 일'들을 엑셀 문서에 옮겨 적는다. 할 일 옆에 이뤄야 할 '시기'를 같이 적는다. 한 개의 꿈에 대여섯 개의 할 일들이 나온다고 가정한다면 총 45개에서 54개 정도의 할 일들이 도출될 것이다.

달성 연도가 가장 빠른 순으로 정렬하고 할 일 옆에 관련된 꿈 번호와 그 일의 성공 여부를 측정할 수 있는 평가 지수를 명시한다. 나의 경우 단기 꿈 7번에 책 출간이라는 목표가 있었다. 이 경우에는 책이 출간되는 시기가 꿈 달성 연도가 될 것이고 기간별 책 판매 권수, 서점 판매 순위, 저자 강연회 등이 그 꿈의 성공 여부를 측정할 수 있는 지수들이 될 것이다.

각 평가 지수가 선택되었다면 구체적인 수준(Target)을 목표 수치를 설정한다. 책을 몇 권 팔고 싶은지, 목표 서점 베스트 순위, 저자 강연회는 몇 번 진행할 것인지에 대해 구체적으로 정리한다.

이렇게 각각의 할 일에 대해 구체적인 내용, 시기, 평가 지수, 목표 수치를 정리하고 이를 시간 순서대로 정렬하면 내가 올해 해야 하는 일들이 명확하게 도출된다. 각각의 일은 달성해야 할 구체적인 목표 수준으로 정의되어 있으므로 현재 나의 수준을 돌아보았을 때 그 목표를 이룰 만한 역량이 준비되었는지 판단할 수 있다. 만약 현재 그 일을 처리할 만한 역량이 준비되지 않았다면 지금부터 시간과 비용을 투자해 개발해야 할 역량 목록을 정리할 수 있다.

각 역량별로 원하는 수준까지 끌어올리기 위한 방법, 소요되는 시간, 비용들을 산출한다. 내가 사용할 수 있는 가용 자원들을 검토한 후 어떤 역량을 어느 수준까지 개발하기 위해 어느 정도 자원을 투입할 것인지 결정한다. 이렇게 나의 역량 계발 계획이 상세하게 수립되면 오늘 회사 업무시간 이후, 또는 이번 주말 추가로 공부하거나 다녀야 하는 교육 프로그램들이 일목요연하게 정리될 것이다. 각 역량을 개발할 때에도 언제까지 어떤 수준으로 달성할 것을 목표로 하는지 정리하고 목표 수준을 어떻게 측정할 것인지에 대해서도 상세하게 정리하는 것이 좋다. 그러면 무언가를 배운다는 그 자체에 만족하지 않고 효과적으로 성과를 내기 위해 집중해 노력하게 된다.

이런 식으로 일별, 주별, 월별, 연도별 계획을 수립하고 어떤 역량을 어느 수준으로 계발했는지, 그 역량을 통해 어떤 일을 완성했는지 역량과 할 일을 서로 연결하고 지속적으로 관리해야 한다. 이런 과정이 몸에 배게 되면 충실하게 계획 기반으로 살아가는 오늘 하루가 나의 꿈을 이루기 위한 소중한 퍼즐조각이 되어가는 것을 확실히 느끼게 될 것이다. 그러면 매일 아침 오늘 하루를 내 인생의 최고의 날이 되도록 살고 싶다는 열망에 타오를 것이다. 오늘 만드는 나의 꿈 조각을 지금까지 만들었던 어떤 꿈 조각들보다 최고가 되도록 만들고 싶은 최선의 열정도 더해진다.

이렇게 나의 꿈을 '미래혁신 창업재단장'이라고 설정한 이후부터 나의 하루는 행복한 꿈을 이루기 위한 여정으로 바뀌었다. 아홉 가지 꿈의 포트폴리오를 이루기 위해 연도별, 월별, 주별, 일별, 할 일들과 만나야 할 사람들을 정리하고 관리하는 나의 꿈 바인더는 내가 매일 손에 들고 다니는 행복한 꿈 여정표이다. 꿈이 생긴 이후 내 삶은 가슴 뛰는 여행 일정표를 손에 쥐고 즐거운 여행지로 떠난 여행자의 삶이 되었다.

05

긍정의 꿈 근육을
만드는 비법

"기도 중에서 가장 고귀한 것은 아직 이루어지지 않은 일에 대해서 미리 하나님께 감사드리는 것이다. 이러한 기도에는 당신은 하나님의 자녀이고 원하는 것을 그분께 말하기만 한다면 그 소망을 들어줄 것이라는 믿음이 들어 있다."
-《종이 위의 기적, 쓰면 이루어진다》헨리에트 앤 클라우 -

"인간은 자기가 보고 싶다고 생각하는 현실밖에 보지 못한다." 로마 역사 전문가인 시오노 나나미는 저서 《로마인 이야기》에서 카이사르는 이길 수밖에 없는 이유만 찾았기 때문에 부족한 병력을 이끌고도 당대 최고의 명장 폼페이우스를 패퇴시켰다고 설명했다. 이렇게 똑같은 현실에도 현실을 인식하는 능력은 의지에 따라 달라진다.

그렇다면 이렇게 자기가 보고 싶은 대로 현실을 인식하는 이유는 무엇일까? 그 답은 두뇌에 있다. 인간 두뇌는 오감을 통해 하루에도 몇 십억 데이터를 받아들인다. 만약 두뇌가 수집되는 데이터를 모두 받아들인다면 금방 용량이 다 차버려 더 이상 작동하지 않을지도 모른다. 그래서 뇌는 생존에 필요한 필수적인 정보 위주로 받아들이거나 자신이 좋아하고 관심 갖는 것들만 받아들인다. 이렇게 무의식적으로 정보의 취사선택이 이뤄지고 있지만 우리는 자각하지 못한다.

인간의 뇌는 세개의 층으로 구성되어 있다. 1층은 자극에 반응하고 환경 변화에 적응하기 위한 '생명유지의 뇌'로 호흡, 순환, 소화 등 생존을 위한 활동을 정밀하게 조절한다. 2층은 식욕과 성욕 같은 '본능의 뇌'로 분노와 불안, 좋고 싫음, 쾌감 불쾌감 등의 감정을 조절한다. 3층은 사고력, 판단력, 창조력을 담당하는 '인간의 뇌'로 미래지향적 사고행동, 문제 해결력, 기획력, 판단력, 창의력, 사회성, 동기부여, 윤리의식 등을 담당한다.

망상 활성화 시스템 (Reticular Activating System, RAS)은 새끼 손가락만한 뇌 줄기의 기저(基底)에 있는 세포로 중요한 일에 초점을 맞추고 관계없는 정보는 의식하지 않게 걸러낸다. 뇌에 저장된 자료를 분류하고 평가하는 역할을 하면서 두뇌를 깨워 기민한 상태를 유지한다. 긴급한 메시지는 두뇌의 활성화된 부위에 전송되고 긴급하지 않은 메시지는 잠재의식 속으로 전송한다. 이런 정보처리 방식을 철학자 칸트는 "인간의 인식이란 사진기처럼 현실을 있는 그대로 받아들이는 것이 아니라 화가가 자신의 선호도와 감정을 첨가해 그린 풍경화 그림과 같다."고 표현했다.

망상 활성화 시스템을 좀 더 쉽게 이해해보자.

우리가 어떤 특정 정보에 관심을 갖게 되었을 때 어떤 일인지 그 정보와 관련한 일들이 훨씬 많이 발생한다. 갓난아이의 엄마는 거리가 먼 방에 있는 아이의 칭얼거림을 민첩하게 알아차릴 수 있고, 임신을 하면 다른 임산부가 눈에 자주 띄고, 특정 모델의 자가용을 구입하면 같은 모델의 차가 눈에 더 잘 들어온다. 아무리 시끄러운 장소라도 멀리서 내 이름을 언급하는 소리가 들리면 그 순간 귀가 곤두서 중간 중간 잘 들리지 않는 말 속에서도 무슨 내용인지 대충 짐작할 수 있다.

이렇게 자신과 관련한 중요한 정보에 민감하게 반응하는 모습은 뇌 속 '망상 활성화 시스템'이 언제나 입력되는 정보의 경중을 감시하며 작동하고 있다는 사실을 보여준다.

대화나 회의를 할 때도 화자의 말에 집중하고 있다고 생각하지만, 사실상 뇌는 각 주제별로 대화 내용을 분류하고 정리하고 저장하는 작업을 계속 하고 있다. 나중에 사람들이 회상하는 내용은 자신이 관심 주제 위주로 취사선택 및 분류하여 기억 속에 저장한 것이다.

꿈을 종이에 적고, 꿈의 신전을 만들어 책상에 붙이고, 보물지도를 매일 들여다보는 행위는 뇌의 망상 활성화 시스템에 성능 좋은 '꿈 전용 필터'를 장착하는 것과 같다. 이처럼 꿈과 관련된 정보에 민감하게 반응하는 '안테나'를 의식 속에 설치하는 것은 두뇌에게 무의식적으로 이 목표를 달성하라는 명령을 지속적으로 내리는 것이다.

"항상 깨어서 내 꿈과 관련된 정보를 하나라도 놓치면 안 돼!"라고 지령을 받은 두뇌는 일상적인 활동시간을 초과하면서까지 목표 달성 작업을 계속하게 된다. 잠자고 꿈꾸는 시간에도 목표를 향해 항상 움직인다. 꿈과 목표를 자신에게 자주 주입하는 습관을 가진 사람들은 꿈속에서 기발한 아이디어를 얻거나 아침에 일어나자마자 목표 달성에 대한 힌트를 생각해내는 경우가 많다. 목표를 의식한 후부터 뇌는 목표 달성에 관한 중요한 신호들을 무의식적 활동에서도 놓치지 않고 예민하게 인식하기 때문이다.

이것은 '끌어당김의 법칙'으로 설명할 수 있다. 이 법칙은 '당신이 생각하는 것은 무엇이든 얻게 된다는 믿음과 감정의 강도에 비례된다. 긍정적인 생각을 할 때 긍정적인 사람들과 환경을 끌어당기고, 부정적인 생각을 할 때 부정적인 사람들과 환경을 끌어낳기게 된다는 논리다.

그렇다면 아무리 끌어당김의 법칙을 적용해도 소망이 이루어지지 않는 이유는 무엇일까?

'끌어당김의 힘' 뒤에 '밀어내는 힘'이 작용하기 때문이다. 밀어내는 힘을 최소화시켜야 하는데 반대 힘을 무시한 채 끌어당김에만 집착하기 때문에 그 힘이 중간에서 상쇄돼 원하는 것을 끌어당길 수 없게 되는 것이다.

우리의 잠재의식에는 부정적인 감정이 뱀처럼 똬리를 틀고 있다. 그렇기 때문에 부정적인 감정이 긍정적인 감정으로 바뀌도록 부단한 노력이 필요하다. 부정적인 생각이 떠오를 때마다 화를 내거나 몰아내려 하지 말고 이러한 감정의 본질을 알아차리고 달래 보내야 한다. 이때 필요한 에너지는 '사랑'과 '감사'다.

'사랑'은 일반적인 동작 버튼이 아니라 빨간 색으로 표시된 '쾌속 동작 버튼'이다. 뜨거운 사랑의 힘으로 전폭적인 지원을 얻으면 원하는 결과가 좀 더 빠르게 현실로 나타나게 된다.

'감사'는 내가 원하는 결과가 이루어졌다는 확신으로 미리 감사하는 것을 의미한다. 꿈을 설정하고 오늘보다 더 나은 내일을 만들겠다고 결정함에 따라 꿈은 이미 이루어졌다고 감사하는 것이다. 부의 과학 원리와 방법을 확립해 큰 성공을 거둔 월러스 워틀스는 그의 저서 《부의 비밀》에서 "상상으로만 가지고 있는 것들에도 신에게 감사할 줄 아는 사람은 진정한 믿음을 가지고 있는 사람이자 부자가 될 사람이다."고 했다.

인생의 목적을 배움과 성장으로 바라보면서 '나는 이 일을 통해 무엇을 배울 수 있을까?'라는 질문을 던져보자. 어떤 상황에서도 감사할 수 있는 마음을 갖게 해주는 마법적인 표현인 "그래, 상황이 더 나빴을 수도 있잖아?", "이만하길 정말 다행이다!"라는 표현을 습관처럼 사용하자. 그러면 끌어당김의 법칙은 그 힘을 힘껏 발휘할 것이다.

당신의 꿈이 바로 당신의 내일을 결정한다. 그리고 생각하는 대로 창조된다. 당신이 진정으로 원하는 것에 대해서 생각한다면 당신은 그것을 향해 이동할 것이다. 마찬가지로 당신이 원하지 않는 것에 집중한다면 당신은 그것을 향해 이동할 것이다.

▶ 부정적인 경험이 악순환 되는 원리

삶에서 부정적인 일을 경험한다 → 잠재의식에 부정적 기억 데이터가 축적된다 → 편도핵에 불쾌감이 입력된다 → 부정적인 예감으로 안될 것이라는 생각을 한다 → 부정적인 생각을 하면서 부정적인 진동을 발산한다 → 끌어당김의 법칙이 부정적인 진동에 반응한다 → 진동에 부합하는 부정적인 결과가 발생한다 → 삶에서 부정적인 일을 경험한다

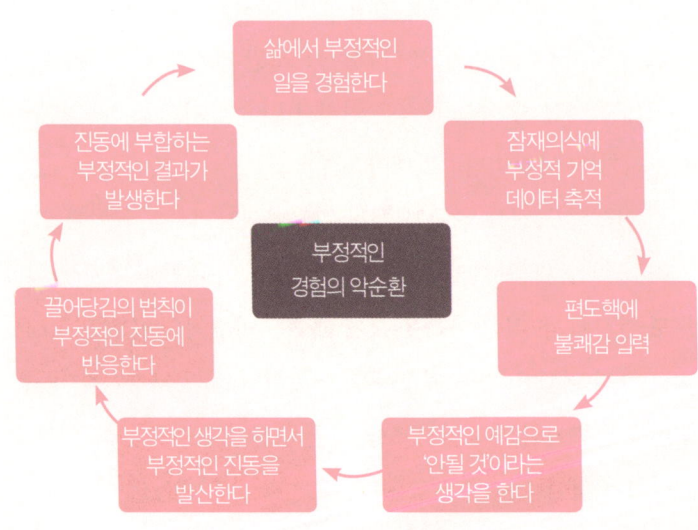

▶ 부정적인 경험의 악순환을 긍정으로 전환하는 방법

삶에서 부정적인 일을 경험한다 → 감사와 사랑으로 감정의 방향을 긍정으로 전환시킨다 → 잠재의식에 긍정적 기억 데이터가 축적된다 →

편도핵에 쾌감이 입력된다 → 긍정적인 예감으로 잘될 것이라는 생각을 한다 → 긍정적인 생각을 하면서 긍정적인 진동을 발산한다 → 끌어당김의 법칙이 긍정적인 진동에 반응한다 → 진동에 부합하는 긍정적인 결과가 발생한다 → 삶에서 긍정적인 일을 경험한다

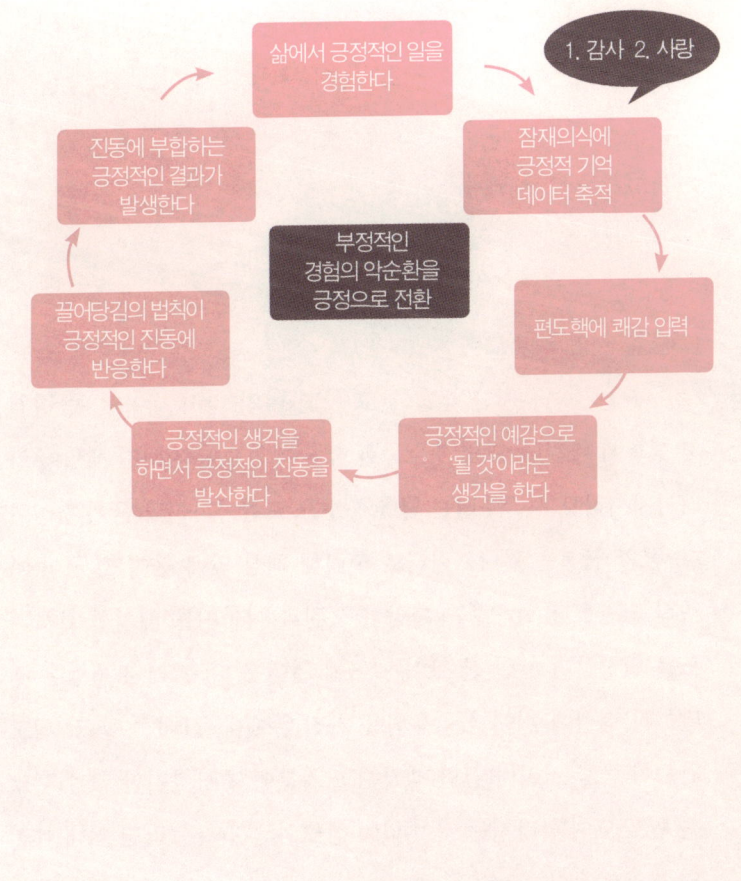

06

꿈을 이루어주는
성공습관들

"성공하는 사람은 더 나은 질문을 던진다. 그래서 더 나은 해답을 얻게 된다."
- '행복을 이끄는 아침 질문법', 변화 심리학의 권위자 앤서니 라빈스 -

처음 꿈을 찾고 나면 마치 다시 태어난 듯 강렬한 행복에 빠진다. 그렇게 소중한 꿈을 찾았으니 지나간 세월이 안타까워서라도 지금부터는 꿈을 중심으로 살아가리라 굳게 결심한다. 꿈의 신전을 컬러프린터로 출력해 책상 앞에 붙이고, 꿈이 이뤄진 순간을 표현해주는 다양한 사진과 이미지를 배치한 보물지도를 완성하며 제일 잘 보이는 곳에 걸어 둔다. 그러나 사람은 정말이지 현실에 뛰어난 적응력을 가진 존재다. 길게는 한 달 정도 가슴이 쿵쾅 거리며 꿈만 생각해도 기분이 좋아지지만 그 이후로는 별로 크게 달라지는 것이 없이 심드렁해진다. 그러면 이내 예전의 생활로 돌아가버린다.

새해 1월 1일에 되면 기필코 무엇을 해보리라 결심한 뒤 계획표를 짜고 며칠 실행하다 원래 상태로 돌아가는 일을 반복하듯 꿈도 마찬가지이다. 그러므로 정말 중요한 일은 일상생활에서 꿈에 다가가는 길을 선택하는 습관을 들이는 일이다. 그 습관은 이제 나를 꿈에 조금 더 가까이 데려다 줄 것이다.

꿈을 찾은 직후에 나는 《습관의 힘》이라는 책을 읽으며 성공 습관을 만들기 위해 노력했다. 성공 습관을 가질 수 있는 방법을 알려주는 '습관 세미나'에도 참석하고 '꿈을 이루는 습관력'을 배우게 되면서, 그제야 책상 위에 붙어 있던 꿈의 신전에 본격적인 실행이 더해지는 듯한 느낌이 들었다.

습관(習慣)이란 '익혀서(習) 익숙한 (慣) 것', 우리 몸과 하나가 되어 이미 편해져 있는 것을 의미한다. 습관을 바꾼다는 것은 현재의 편함을 버리고 불편한 상태로의 이동을 의미한다. 지금 우리의 모습은 우리가 과거에 반복적으로 한 행동의 결과고 미래의 우리 모습 역시 우리가 현재 반복적으로 한 행동의 결과다.

습관은 꿈을 이루는데 너무나 중요하다. 과거부터 현재까지 몸에 배어 있는 습관 그대로 오늘을 반복한다면 미래 역시 변하지 않는다. 이제 익숙한 습관들과 결별하고 꿈의 속도를 당겨주는 성공 습관이 필요하다.

미래는 오늘의 연장선이다. 현재의 나를 고려하지 않고 백지에 미래를 그릴 수는 없다.

습관을 바꾸는 일은 정말이지 생각처럼 그리 만만치 않다. 뇌는 부하를 줄이기 위해 반복되는 행동은 에너지가 많이 들지 않는 무의식 영역에 저장시켜 놓는다. 의식하지 않은 상태에서도 자동으로 실행되도록 만들어 놓은 탁월한 생존 메커니즘이다.

새로운 정보를 습득하거나 새로운 업무를 처리하는 데 에너지를 집중하기 위해 습관을 무의식중에라도 처리할 수 있는 패턴으로 저장해 놓은 것이다. 그러니 습관을 바꾼다는 것이 어려울 수밖에.

많은 에너지가 필요할 뿐 아니라 감정적으로도 불편을 느끼는 것은 당연지사. 분명 습관을 바꾸는 것에는 중대 결심이 필요하다. 무의식 세계의 일을 의식 세계로 끌고 들어와 바꿔야 하니 강한 의지와 지속적인 노력이 필요하다.

우선 바꾸고 싶은 습관을 찾아내자. 그리고 습관이 왜 생겼는지 알아내자. 내가 들었던 습관 세미나 강연에서는 습관이 언제, 어디서, 어떤 감정 상태일 때, 누구와 있을 때 나타나는지, 이런 습관이 나타나기 바로 직전에 한 행동은 무엇이었는지를 꼼꼼하게 적을 수 있는 '습관 기록 양식'을 소개해주었다. 이 도구는 고치고 싶은 습관을 찾아내고 적절한 보상을 스스로에게 부여하면서 나쁜 습관을 없앨 수 있도록 돕는다.

《내일을 바꾸는 3분 습관》에서 소개한 이미지 리허설과 이미지 트레이닝 방법을 적용해 나만의 방법을 만들어보았다.

잠들기 직전 이미지 트레이닝

- 이미지 리허설을 통해 중요한 일 세가지를 어떻게 처리할지 정리함 → 아침에 허둥지둥 하지 않고 정돈된 기분으로 일어나게 됨.
- 평온한 상태에서 좋은 일과 감사한 일 떠올리기 → 심호흡하며 가장 행복한 이미지 하나를 떠올려 낮에 있었던 좋고 감사한 일 세가지를 생각함.
- 꿈의 신전 상상하기 → 꿈이 이뤄져 내가 설립한 '미래혁신 창업재단'을 통해 성공한 세계적인 기업가들로부터 감사와 축하를 받는 가슴 벅찬 순간을 상상해봄.

아침에 일어난 직후 이미지 트레이닝

- 긍정선언문을 크게 외침 → "나는 행복한 성공자다. 나의 멋진 꿈 '미래혁신 창업재단장'을 위해 매순간 행복하게 몰입할 것을 생각하니 가슴이 두근거린다. 축복처럼 주어진 오늘 하루를 감사하며 나의 소중한 꿈을 향해 나가는 나 자신을 진심으로 응원한다.
- 숭고한 사랑의 마음 느끼기 → 나의 꿈이 이뤄졌을 때 혜택받은 사람들이 세상에서 가장 기쁜 얼굴로 환하게 웃고 있는 모습을 떠올림. 그들을 위해 내 평생을 바치겠다는 거룩한 사랑의 마음으로 내 가슴을 가득 채움.
- 오늘의 중요한 일 세가지를 성공적으로 이루는 모습을 상상함 → 주요한 업무, 회의, 미팅 등 세가지를 그 일의 목적이 무엇이고 성공적인 결과는 무엇인지 생각하며 그 일이 내가 원하는 방향으로 순조롭게 이

뤄지는 모습을 구체적으로 상상함 (이것은 미래 시나리오를 상상 속에서 리허설을 하는 기법으로 중요한 일을 내가 원하는 방향으로 주도하기 위해 매우 효과적인 방법임)

그 다음에 나의 습관 계획서를 만드는 실습 작업에 들어갔다. 우선 바꾸고 싶은 습관을 적고 습관 행동을 없애기 위한 목표를 설정한다. 그 다음 이를 이뤘을 때의 보상과 어겼을 때의 벌칙을 정리하고 습관을 없애는 목표 일을 설정한다. 나의 경우에는 평일과 주말을 포함해 모두 새벽 5시에 일어나는 것을 목표로 했다. 그 습관을 선언한 이후에 오히려 기상 시간이 빨라져 새벽 3시에 눈이 떠지는 경우도 많았다. 그 이유는 빨리 일어나 꿈을 이루는 일을 실행했을 때 그 일이 이뤄지는 속도가 더욱 빨라지는 것을 느꼈기 때문이다

직장 생활을 병행하면서도 꿈을 이루는 속도를 당기고 싶은 욕심에 현재 조절하기 쉬운 기상시간을 앞당겨 투자하기로 했다. 회사 업무도 바빠지고 있는 와중에 이렇게 책을 집필할 수 있었던 것도 모두 기상 습관 덕분이다. 내가 꿈을 선언하고 책 쓰기가 7번 꿈이 아니었다면 이렇게 피곤할 줄 모르고 새벽부터 책 쓰기에 몰입하지 못했을 것이다.

하지만 자만은 금물이다. 지속적인 노력을 하지 않으면 아무리 오랫동안 공들여도 얻은 성공 습관이라도 쉽게 잃을 수 있기 때문이다. 정말이지 좋은 습관은 버리기는 쉽지만, 다시 길들이기는 어

려운 법이다.

'일신우일신(日新又日新)'의 마음을 갖자. 매일 새로운 나를 만들어 간다는 마음으로 성공 습관을 몸에 익혀 가슴 설레는 행복한 인생을 살도록 하자.

07

시간 관리가
생명이다

"당신이 아무것도 가진 게 없다면, 당신에게 주어진 시간을 활용하라. 거기에 황금 같은 기회가 있다."

- 피터 드러커 -

　　　　　　　　꿈을 설정한 후 가장 큰 고민은 '어떻게 24시간을 효율적으로 사용하는가'였다. 꿈의 거시적인 타임라인을 정해놓고 난 후부터 나에게 가장 소중한 자원은 한정된 시간이었다.
　지금의 회사 업무가 꿈과 밀접하게 관련된 일이긴 하지만, 그래도 꿈을 준비하는 일에는 별도의 시간이 필요했다. 그래서 회사 업무는 최대한 효율적으로 처리해 근무 시간에 모두 마치고, 이후의 시간들은 내 꿈을 위해 준비하는 시간으로 활용하기로 했다. 그러다 보니 훌륭한 위인들의 시간 관리법에 자연스레 관심이 생겼다. 아이들도 학년이 올라가면서 공부해야 할 분량이 많아졌고 학교 공부에 욕심이 생기면서 더욱 바빠졌다. 이런 와중에 꿈과 관련된 분야를 탐색하는 시간 확보는 절대적으로 필요했다. 결국 나와 아이들 모두 어떻게 하면 현재 맡은 일과 공부를 수행하면서 꿈을 위해 준비할 시간을 확보할 수 있을지 궁리하기 시작했다.

나는 박은교 저자의 《아주 특별한 시간 관리 습관》의 내용과 내가 경험한 시간관리 경험을 토대로 아이들과 함께 고민하는 시간을 가졌다. 우리가 얻은 방법을 공유하면 이렇다.

첫째, 자투리 시간을 활용하면 어마어마한 시간이 모인다. 소련의 곤충분류학자인 류비셰프 교수는 82세로 생을 마감할 때까지 70여 권의 학술 서적과 총 1만 2,500여 장(단행본 100권 분량)에 달하는 연구논문, 방대한 양의 학술자료와 수천 권의 소책자를 남겼다. 그는 매년 생물학자, 역사학자, 곤충학자 혹은 철학자로 다르게 불릴 정도로 자신의 전문 분야를 넓혀갔다. 그가 낸 비밀스럽고 위대한 삶을 추적해낸 전기작가 다닐 A. 그라닌의 《시간을 정복한 남자, 류비셰프》에는 류비셰프의 '시간 통계' 노트가 소개되었다. 그의 엄청난 성과의 비법은 모두 '시간 관리'에 있었다. 그는 누구도 시도해본 적 없는 방법으로 도처에 깔린 시간을 '채굴'해냈고 그렇게 확보한 시간 속에서 원하는 모든 일을 해낼 수 있었다.

이 방법을 적용해 나 역시 효과를 경험했다. 왕복 2시간이 넘는 출퇴근 시간을 활용해 서서 갈 때 읽을 수 있는 가벼운 책, 자리에 앉았을 때 읽을 전문서적, 버스를 기다릴 때 읽을 수 있는 단편집 등 가방에 세 권 이상의 책을 꼭 넣고 다녔다. 이렇게 자투리 시간을 활용하니 1년에 200권 이상의 독서량을 확보할 수 있었다. 아이들에게도 조언해 주었더니 독서 시간에 읽을 책과 쉬는 시간 짬짬이 읽을 책 두권을 항상 갖고 다니고 있다. 딸은 며칠 동안 이 방법을 적용해보더니 쉬는 시간에 읽은 책 분량이 상당히 많다며 깜짝 놀랐다.

둘째, 방해받지 않는 새벽 시간에 집중해 많은 일을 처리한다. 빌 게이츠는 언제나 새벽 3시에 일어나 "나는 무엇이든 할 수 있어. 왠지 오늘은 나에게 큰 행운이 생길 것 같아."라고 선언하며 마음을 다잡고 일을 시작했다. 이렇게 효율적으로 집중할 수 있는 그만의 시간에 차기 사업 구상과 창의적인 아이디어를 낼 수 있었다.

셋째, 한 번에 한 가지 일에 몰입한다. 에디슨은 초등학교 3개월 만에 지능이 부족하다며 학교에서 쫓겨나 어머니에게 교육받았다. 그는 기계학, 화학, 전기에 관한 책을 내일 한 권씩 30년 동안 꾸준히 읽었으며, 책을 읽고 난 뒤에는 반드시 실험을 했다. 새롭게 알게 된 것은 주머니에 넣고 다니던 노란 표지의 노트에 그대로 옮겨 적었는데 그런 노트가 3,400권이나 된다. 그에게 위대한 발견을 지속할 수 있었던 비법을 묻자 이렇게 대답했다.

"한 가지 일에 몸과 마음의 에너지를 모두 쏟아 부을 수 있는 능력입니다. 바로 집중력이지요. 하루 16시간 동안 저는 한 가지 일만 합니다."

이 부분은 나도 실행하려고 노력 중이다. 한 가지 일에 오랫동안 집중하면 여러 일을 한꺼번에 처리했을 때보다 확실히 효과적이다. 다만 그런 집중력을 사용할 시간이나 습관이 문제다. 그래서 중요한 일을 처리할 때는 스마트폰과 컴퓨터를 모두 차단하고 다이어리에 기록하면서 집중하고 있다.

넷째, 지금 이 순간에 충실하게 집중한다. 대화법과 연설 기술의 컨설턴트였던 데일 카네기는 상담하러 오는 사람들에게 "오늘에 충실하세요. 미래에 대한 걱정은 그때 가서 하면 됩니다. 아직 일어나지 않은 일로 고민하며 시간을 보내지는 마세요. 차라리 그 시간에 지금 할 수 있는 일에 집중하는 것이 더 좋습니다."라고 조언했다.

보통 우리가 후회하고 속상해하는 것 모두는 이미 지나간 과거에 속한 일이다. 불안과 걱정은 미래에 닥칠 일에 대한 생각이다. 지나간 과거는 수백 번을 후회해도 돌이킬 수 없고, 미래의 걱정은 지금 어떻게 하느냐에 따라 미리 대비할 수 있다.

그러니 지금 이 순간 해야 할 일과 내 옆에 있는 사람에게 충실한 것은 더 이상 후회할 일을 만들지 않는 현명한 방법이다.

다섯 째, 규칙적인 생활습관을 갖는다. 시계보다 더 정확하게 시간을 지킨 철학자 칸트는 초등학교에 들어간지 얼마 지나지 않아, 본인의 시간 계획표를 작성해 부모님께 보여드렸다. 그때부터 칸트는 새벽 5시 30분 기상, 차 마시는 시간, 책 쓰기, 강의, 식사와 산책, 밤 10시 취침 등 모든 일에 시간을 정해 두고 80세까지 평생에 걸쳐 규칙적으로 생활했다. 그렇게 자신의 생활을 관리한 칸트는 57세에 철학사의 흐름을 바꿔 놓은 서양 철학의 고전《순수 이성 비판》을 발표하는 업적을 남겼다.

시간을 규칙적으로 설정해 습관을 들여놓으면, 시간을 더 효율적으로 사용할 수 있다. 또한 신체 바이오리듬도 그 시간에 그 일을 더 효과적으로 처리할 수 있는 최적의 상태로 길들여진다.

여섯 째, 시간을 기록하고 관리한다. 세계적인 경영학자인 피터 드러커는 "무엇보다 중요한 것은 시간입니다. 여러분이 시간을 실제로 어디에 쓰고 있는지 먼저 알아보세요. 시간을 쓸 때에는 집중해서 한꺼번에 쓰고, 급한 일이 아닌 중요한 일을 먼저 하세요. 한 번에 한 가지 일만 하고, 과거의 일보다 미래의 일에 집중하세요. 여러 문제 중 더 가능성 있는 일에 초점을 맞추고 남들과 다른 자신만의 일을 하세요. 일을 할 때에는 항상 높은 목표를 정해서 일의 긴장도를 높이세요."라고 조언했다.

나 역시 꿈을 설정한 직후 한 달간 나의 시간 사용처를 기록해 분석하면서 내가 어떤 일에 시간을 많이 사용하고 있는지 파악했다. 나의 경우에는 샤워를 저녁에 하느냐 새벽에 하느냐에 따라 걸리는 시간이 달라진다는 것을 찾아냈다. 그래서 지금은 새벽에 일어나자마자 잠을 깨기 위해서 샤워하는 것으로 시간을 조정했다. 자신이 어디에 얼마만큼의 시간을 사용하고 있는지 먼저 분석하고 싶은 분께 이 방법은 매우 효과적이다.

시계가 똑딱이는 소리를 들으면 황금 같은 자원이 사용되고 있다는 각오로 시간 관리에 도전해 보자.

08

행복한 꿈
전도사로 살아가라

∗∗∗∗∗∗∗∗∗∗∗∗∗∗∗∗∗∗∗

　　　　　　그동안 내 인생은 2013년 1월 20일 이전과 이후로 구분된다. 작년 1월 19일 토요일에 '꿈 세미나'에 참석하면서 나의 소중한 꿈에 대해 처음으로 진지하게 생각해 볼 수 있었다.
　그리고 꿈을 더 확장시키기 위해 퍼스널 브랜딩 워크숍(Personal Branding Workshop)에 등록했다. 첫 수업 시간이 2014년 3월 9일이었는데 그날은 내 생일이었다. 그날 내 페이스북에 '오늘 내 새로운 삶을 찾게 될 것 같다. 정말 설렌다!'라고 올려놨더니 친구들이 도대체 무슨 일이냐며 무척이나 궁금해했다.
　위의 두 날들이 내 인생에 있어서 얼마나 큰 감동과 강렬한 자극을 주었던지 아직도 생생하다. 토요일 밤을 꼴딱 새고 바로 다음날인 일요일 하루 종일 나에 대해 분석하며 어설픈 나의 첫 '꿈의 신전'을 만들었다. 지금 갖고 있는 버전과는 일부 차이가 나지만 그 감격적인 순간을 아직도 잊을 수 없다.

꿈은 그 다음 꿈을 끌어당긴다는 말이 맞는지 한번 꿈의 신전을 만들어 놓고 나니 아홉 개의 꿈 조각들이 더욱 선명해지면서 계속 꿈 너머 꿈들을 끌어당기고 있다. 그 후에 사람들을 만나면 내 얼굴에 생기가 넘치고 눈빛이 반짝반짝 빛난다는 말을 많이 듣고 있다. 모든 사람들에게 내 꿈을 얘기해 줄 수는 없지만, 이런 분야에 관심이 있을 법 싶거나 뭔가 미래에 대한 불안감으로 방황하는 사람을 만나면 나는 따로 시간을 내서 마치 교회 전도사처럼 꿈을 전파하는 사람이 되곤 한다.

그들도 나처럼 한 번도 꿈이라는 것이 무엇인지, 왜 필요한 것인지, 생각해볼 기회가 없었을 것이다. 나도 초·중·고등학교뿐 아니라 대학과 대학원을 다니는 기간, 그리고 20년을 회사에 다니며 한 번도 "나에게는 꿈이 있습니다!"라며 반짝이는 눈으로 얘기하는 사람을 본 적이 없다. 꿈을 발견하는 과정에서 가장 큰 소득이라면 내가 나를 더 잘 알게 되었다는 점이다. 나는 생각보다 괜찮은 사람이었고 소중한 경험을 많이 가진 사람이었다. 다만 이런 나의 스토리가 하나로 연결된 내 인생의 마지막 날 "참, 멋진 그림이었다."라고 스스로 자부심을 느낄 만한 설계도와 빅 픽처를 완성하지 않았을 뿐이었다. 만약 내가 꿈을 찾고 이것을 하나의 스토리로 연결하려는 시도를 하지 않았더라면 절대로 알지 못했을 내 인생의 금덩어리들을 발견했다.

　이렇게 행복해서 가슴이 터질 것 같은 경험을 하고 나니 당연히 사랑하는 사람들에게 자동으로 꿈을 전파할 수밖에 없었다. 아니 주변에서 먼저 물어오기 시작한다. 무슨 좋은 일 있냐며. 그 비법이 무엇인지 묻기 시작한다. 이렇게 좋은 삶의 비법을 나 혼자만 알고 있기는 정말 아까웠다. 비록 내 꿈을 이루기에도 모자란 시간이지만 기쁜 마음으로 내가 꿈을 설정했던 과정들을 설명한다.

　아이들도 어느 순간부터 잔소리를 멈추고 자신의 꿈을 들려주는 엄마를 발견하게 되었다. 혁신적인 스타트업이 무엇인지, 실리콘밸리의 창조문화가 무엇인지 잘 알지는 못해도 엄마의 몸에서 흘러넘치는 행복과 긍정의 진동을 아이들도 충분히 느낄 수 있었을 것이다. 엄마는 자신의 꿈을 '미래혁신 창업재단장'이라고 선포한 이후로 새벽 일찍 일어나 꿈에 열정적으로 몰입하면서 행복하게 보내고 있다.

　꿈과 관련된 세미나에 아이들도 참석할 기회가 있으면 소풍이라도 가듯 함께 참석한다. 자연스럽게 아이들도 꿈이라는 것이 얼마나 중요한지 느낀다. 또한, 엄마와 함께 만나는 꿈을 향해 매진하는 사람들에게 흘러넘치는 열정과 긍정적인 리듬을 직접 느끼며 행복한 감정을 경험해 갔다.

　그동안 나의 꿈 세팅을 도와준 다양한 세미나와 공부 기회 및 유용한 커뮤니티를 소개하고자 한다. 이 내용들은 나에게 꿈을 어떻게 설정하는지, 꿈을 설정한 이후에 어떻게 열정을 유지할 수 있는지, 꿈을 이루는 잠재의식을 어떻게 강화할 수 있는지, 자신의 퍼스널 브랜딩 저서를 쓰기 위해서 어떻게 코칭을 받을 수 있는지에 대한 공통적인 질문들을 추렸다. 나의 경험을 아낌없이 공유하고 싶기에.

첫 번째, 최초로 꿈을 가져야겠다고 결심하고 참석한 곳은 박항기 대표님의 꿈 세미나였다. 이날 학교나 회사에서 한 번도 배울 수 없었던 꿈에 대한 심오한 세계를 처음으로 접하면서 강한 동기부여를 받았다. 이 세미나에서 꿈을 탐색하기 위한 여정을 본격적으로 떠나고 싶어하는 사람들을 위한 6주 과정의 퍼스널 브랜딩 워크숍을 소개받았다.

두 번째, 사십대 중반이라는 늦은 나이에 꿈을 찾게 된 후 잠재의식을 활용한 좀 더 빠른 방법으로 꿈을 실현하고 싶었다. 잠재의식이 작동하는 원리에 대해 좀 더 체계적으로 이해하고 싶던 중 인터넷 카페를 소개받았다. 조성희 대표님은《시크릿》의 주인공 밥 프록터가 약 50년간 조사하고 연구한 시크릿 비법을 여러 세미나와 코칭들을 통해 많은 사람들에게 교육하고 있다.

세 번째, '나의 소중한 경험을 공유하는 저자되기'라는 일곱 번째 꿈 조각을 완성하기 위해 책 쓰는 방법을 알고 싶었다. 체계적인 코칭을 받아 잘 쓰고 싶다는 욕심이 생겨 여러 곳을 물색해본 결과 책을 쓰는 가장 효과적인 방법을 가르쳐준다는 카페에 가입하게 되었다.

'지금 당신에게 힐링이 필요하다면'이라는 내용으로 〈세상을 바꾸는 시간, 15분〉에서 강연했던 고도원 작가님의 말이 떠오른다.

"좋은 꿈은 한 사람의 꿈으로 머물지 않고 열 사람 백 사람의 꿈으로 자라납니다."

부디 나의 책이 대한민국의 엄마들 마음에 스며들어 가슴 뛰는 꿈을 찾게 하고 그 결과로 아이들도 소중한 꿈을 찾는 계기가 되기를 진심으로 소망해 본다.

그리고 누구든 온몸이 전율하는 꿈을 찾게 되거든 이러한 행복한 경험을 주변 사람들에게 즐거운 마음으로 전파시켜주길 희망한다. 대한민국의 모든 부모와 아이들이 가슴 속에 환하게 빛나는 소중한 꿈을 품고 희망찬 미래를 바라보면서 행복하게 살게 된다면 그것만으로도 정말 여한이 없을 것 같다.

Question

아이의 꿈을 찾아주기 위한 질문들

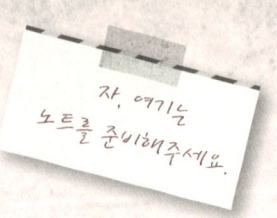

1. 꿈, 하고 싶은 일이 무엇인지 찾아보기 위한 질문들

- ✓ 네가 가장 사랑하는 것은 무엇이니?
- ✓ 네게 가장 소중한 것들은 무엇이니?
- ✓ 네가 가장 닮고 싶고 존경하는 분들은 누구니? 그 이유는 무엇이니?
- ✓ 네가 가장 잘하는 것은 무엇이니?
- ✓ 너는 학교를 졸업하고 너는 무엇을 하고 싶니?
- ✓ 네가 하루 중 가장 많이 생각하는 것은 무엇이니?
- ✓ 네가 가장 시간을 많이 보내는 활동은 무엇이니?
- ✓ 네가 어떤 모습을 상상할 때 가장 기분이 좋니?
- ✓ 네가 가장 가치 있다고 생각하는 것은 무엇이니?
- ✓ 네가 자신에게 자주 하는 말은 무엇이니?

2. 재능, 잘하는 일이 무엇인지 찾아보기 위한 질문들

- ✓ 남들은 어렵다고 하는데 너는 쉽게 잘하는 일이 무엇이니?
- ✓ 하루 종일 그 일만 한다면 정말 잘 할수 있는 일이 무엇이니?
- ✓ 네 자신에게 상장을 준다면 어떤 상을 주고 싶니?
- ✓ 너 자신을 칭찬해준다면 어떤 점을 칭찬하고 싶니?
- ✓ 네가 생각하는 너의 장점은 무엇이니?
- ✓ 친구들이 말하는 너의 장점은 무엇이니?

- ✓ 부모가 말하는 너의 장점은 무엇이니?
- ✓ 선생님이 말하는 너의 장점은 무엇이니?
- ✓ 위의 질문들에 함께 나오는 공통적인 장점은 무엇이니?

3. 공부, 잘하는 과목에 대한 적성을 찾아보기 위한 질문들

- ✓ 네가 좋아하는 과목은 무엇이니?
- ✓ 네가 좋아하는 학원은 무엇이니?
- ✓ 네가 좋아하는 방과후활동에는 어떤 것들이 있니?
- ✓ 네가 하루 중에 가장 좋아하는 공부 시간은 언제니?
- ✓ 숙제가 많아도 즐거운 과목은 무엇이니?
- ✓ 수업 시간이 기다려지는 과목은 무엇이니?
- ✓ 가장 기억에 남고 좋아하는 선생님은 누구시니?
- ✓ 네가 해보지는 않았지만 배워보고 싶은 과목은 무엇이니?
- ✓ 네 실력을 뽐내보고 싶은 대회에는 어떤 것들이 있니?

4. 친구, 꿈을 응원해주는 사람을 찾기 위한 질문들

- ✓ 네가 좋아하는 친구를 떠올렸을 때, 그 친구를 좋아하는 이유는 무엇이니?
- ✓ 네 친구들이 너를 좋아하는 이유는 무엇이라고 생각하니?
- ✓ 너와 친구들의 공통점은 무엇이니?
- ✓ 친구들과 함께 무엇을 할 때 가장 즐겁니?
- ✓ 아직 친하지는 않지만 친해지고 싶은 친구들의 특징은 무엇이니?
- ✓ 네가 닮고 싶은 친구들의 부러운 점은 어떤 것들이 있니?
- ✓ 시간이 많다면 함께 오랫동안 있고 싶은 친구들은 몇 명이니?

Book List

당신을 위한 도서 목록

꿈을 정할 결심이 안 서는 사람이라면
- ☑ 《오늘 내가 살아갈 이유》 위지안
- ☑ 《당신은 드림워커입니까》 권동희
- ☑ 《된다 된다 나는 된다》 니시다 후미오
- ☑ 《청춘 스위치 온》 김태광

자기 분석을 통해 정확한 꿈을 찾고 싶은 사람이라면
- ☑ 《세상에서 가장 든든한 인맥 지도를 그려라》 유용미
- ☑ 《최강의 자기분석》 우메다 사치코
- ☑ 《나의 빈칸 책》 이명석

꿈이 있었으나 이루어지지 않아서 좌절한 사람이라면
- ☑ 《왓칭》 김상운
- ☑ 《마음을 비우면 얻어지는 것들》 김상운
- ☑ 《확신의 힘》 웨인 다이어
- ☑ 《종이 위의 기적, 쓰면 이루어진다》 헨리에트 앤 클라우저

처음으로 꿈을 갖겠다고 결심한 당신이라면
- ☑ 《꿈이 나에게 묻는 열 가지 질문》 존 맥스웰
- ☑ 《빅 픽처를 그려라》 전옥표
- ☑ 《메신저가 되라》 브렌든 버처드

- ✓ 《10미터만 더 뛰어봐》 김영식
- ✓ 《놓치고 싶지 않은 나의 꿈 나의 인생》 나폴레온 힐

꿈을 통해 제2의 인생을 설계하고 싶은 사람이라면

- ✓ 《내 인생 5년 후》 하우석
- ✓ 《은퇴 후, 40년 어떻게 살 것인가》 전기보
- ✓ 《일의 미래》 린다 그래튼
- ✓ 《100달러로 세상에 뛰어들어라》 크리스 길아보

꿈을 통해 부유함을 맘껏 누리고 싶은 사람이라면

- ✓ 《무엇이 당신을 부자로 만드는가》 라이너 지델만
- ✓ 《지금 당장 롤렉스 시계를 사라》 사토 도미오
- ✓ 《부자들은 왜 장지갑을 쓸까》 카메다 준이치로
- ✓ 《부의 추월차선》 엠제이 드마코

자신의 꿈을 통해 위대한 인물이 된 사람을 탐색하고 싶다면

- ✓ 《내가 상상하면 현실이 된다》 리처드 브랜슨
- ✓ 《미셸처럼 공부하고 오바마처럼 도전하라》 김태광
- ✓ 《상추 CEO》 류근모
- ✓ 《김밥 파는 CEO》 김승호
- ✓ 《절대 실패하지 않는 성공시스템》 클레멘트 스톤
- ✓ 《나폴레온 힐 성공의 법칙》 나폴레온 힐

자신의 꿈을 책으로 출간하고 싶은 사람이라면

- ✓ 《천재작가 김태광》 김태광
- ✓ 《36세 억대수입의 비결, 새벽에 있다》 김태광

- 《10년차 직장인, 사표 대신 책을 써라》 김태광
- 《마흔, 당신의 책을 써라》 김태광

아이와 함께 꿈을 찾고 싶은 사람이라면

- 《10대에 알았더라면 좋았을 것들》 김태광
- 《10대에 알았더라면 좋았을 것들2》 김태광
- 《10대, 네 안에 잠든 거인을 깨워라》 김태광
- 《10대를 위한 스타벅스 CEO 하워드 슐츠 이야기》 김태광

행복한 자녀교육에 관심 있는 사람이라면

- 《엄마수업》 법륜스님
- 《나는 아이보다 나를 더 사랑한다》 신의진
- 《아이의 스트레스》 오은영
- 《자녀 성공의 key는 아버지가 쥐고 있다》 이해명
- 《유대인 창의성의 비밀》 홍익희
- 《꿈이 있는 공부는 배신하지 않는다》 쇼 야노
- 《10대를 위한 스타벅스 CEO 하워드 슐츠 이야기》 김태광

꿈을 이루는 습관을 갖기 원하는 사람이라면

- 《슬로비의 미루기 습관 탈출기》 박현수
- 《습관의 힘》 찰스 두히그
- 《계속모드》 오오하시 에츠오
- 《내일을 바꾸는 3분 습관》 모치즈키 도시타카
- 《습관은 배신하지 않는다》 공병호
- 《미루는 습관 버리기》 윌리엄 너스
- 《굿바이 작심삼일》 제레미 딘

시간 관리를 원하는 사람이라면

- 《시간단축기술》 나가타 도요시
- 《시간을 지배하는 절대법칙》 앨런 라킨
- 《성공하는 사람들의 시간관리 습관》 유성은
- 《바쁠수록 돌아가는 마법의 시간관리》 나카야마 마코토

끌어당김의 법칙을 좀 더 이해하고 싶은 사람이라면

- 《유인력 끌어당김의 법칙》 에스더 힉스 & 제리 힉스
- 《볼텍스》 에스더 힉스 & 제리 힉스
- 《머니룰》 에스더 힉스 & 제리 힉스
- 《우주조각가》 틸 스캇
- 《일렉트릭 리빙》 콜리 크러처

보물지도 만드는 법을 상세히 알고 싶은 사람이라면

- 《보물지도》 모치즈키 도시타카
- 《보물지도 무비》 모치즈키 도시타카

깊은 실의에 빠진 사람이라면

- 《괜찮아, 잘 될 거야!》 폴 J. 마이어
- 《폰더 씨의 위대한 하루》 앤디 앤드루스
- 《커피 한잔의 명상으로 10억을 번 사람들》 오시마 준이치
- 《결국 당신은 이길 것이다》 나폴레온 힐

> Community Power...!

꿈을 찾는 여정을 함께 해주는 모임들

꿈 세미나

- 주소: http://cafe.naver.com/vitaminas
- 회사: Vitaminas 퍼스널브랜딩 전문회사
- 대표: 김유정 대표, 박항기 고문
- 목적: 꿈을 설정하도록 도와주고, 꿈을 이루기 위한 다양한 방법을 가르치고, 꿈 동지를 찾아 서로 격려하고, 함께 꿈 진행 경과를 나눌 수 있게 도와줌.
- 교육: 꿈 세미나, 성과관리 세미나, 습관 세미나, 퍼스널브랜딩 워크숍, 3P 바인더 활용 시간관리 및 계획수립 세미나, 소셜 미디어 시대의 자기홍보전략 세미나, 슬럼프 극복 특강, 드림 모닝 클럽 등

잠재의식 활용

- 주소: http://cafe.naver.com/oneamazinglife
- 회사: One Amazing Life 원 어메이징라이프 - 감동의 삶으로!
- 대표: 조성희 대표 - 밥 프록터로부터 7개월간 Life Consultant Training을 미국에서 교육 받고 한국인 처음으로 Life Success Consultant 자격증을 받은 성공코치.
- 목적: 여러 심화과정들을 통해 마인드를 활용하고 나의 잠재의식 속에 잠자고 있는 무한한 거인을 깨울 수 있는 다양한 프로그램들이 마련되어 있음.

- 교육: 마스터마인드(Master Mind) 코스, 가장 중요한 질문 Why 세미나, 머니 시크릿(Money Secret) 세미나, 승자 이미지(Winner's Image) 세미나, 목표 성취자(Goal Achiever) 세미나, 성공퍼즐(Success Puzzle) 세미나, 미션 인 커미션(Mission in Commission), 심화 세일즈 집중 워크숍, 행복한 부자 프로젝트, 어메이징 5시 프로젝트, 어메이징 땡큐 프로젝트 등

저자되기

- 주소: http://cafe.naver.com/bookuniversity
- 회사: 한국 책쓰기 성공학 코칭협회 (한책협)
- 협회장: 김태광 작가 - 기네스북 공식 기록 보유자 (14년동안 138권 집필), 2012년 문화체육관광부가 선정한 대표 책쓰기 코치, 대한민국 신창조인대상 수상, 각종 방송매체, 공기업, 기관단체 〈책쓰기비법〉 강연, 초중고 교과서 5권 글 수록, 해외 3개국 저작권 수출 등
- 목적: 자신의 이름으로 된 책을 쓰기 원하는 사람들을 돕고, 꿈이 없는 사람에게는 확고한 꿈을 심어주어 세상에 빛이 되는 책을 집필하도록 도와줌. 꿈은 있지만 실현하는 방법을 모르는 사람들을 돕는 드림 헬퍼 (Dream Helper) 프로그램도 있음.
- 교육: 책쓰기 전 과정 특강, 원고 사례 특강, 목차 특강, 목차 만들기 캠프, 12주 완성 DREAM 책쓰기 학교, 청중을 사로잡는 강연학교, 한책협 100권 플랜, 명품 책쓰기 노하우 PDF 발매, 다양한 공저 프로그램 등

> Let's Go...!

자신의 꿈을 찾아 나서는 10단계
- 버킷리스트 실전 워크숍 프로그램

1. 자기 분석 Ⅰ
- 재능, 흥미, 열정 연결하기: 자신이 잘하는 것, 좋아하는 것, 하고 싶은 것을 발견하는 시간을 갖는다.

2. 자기 분석 Ⅱ
- '참 나'를 깨닫는 중요한 질문하기: 나의 내면에 잠재되어 있는 진정한 나를 깨닫고 진정한 꿈을 찾는 시간을 갖는다.

3. 꿈의 신전 Ⅰ
- 꿈의 골격 만들기: 버킷리스트를 작성하고 중요한 꿈을 골라내어 균형 잡힌 꿈의 포트폴리오를 완성한다.

4. 꿈의 신전 Ⅱ
- 꿈 상상력 키우기: 꿈을 실행하는 파워, 상상력을 키우고 일상에서 실천하는 방법을 터득한다.

5. 꿈의 실천 계획
- 꿈 여정표 만들기: 꿈을 단계별로 실천하기 위해 필요한 역량과 할 일을 명시한 상세 계획표를 작성한다.

6. 꿈 트레이닝
- 긍정 근육 키우기: 꿈의 방향으로 나가기 위해 어떤 상황에서도 긍정 마인드로 전환하는 방법을 단련한다.

7. 꿈 습관화
- 성공 습관 만들기: 꾸준하게 꿈을 이루는 저력인 나만의 성공 습관을 정의하고 무의식 속에 장착시킨다.

8. 꿈 관리법
- 철저히 시간 관리하기: 꿈을 실천하기 위한 필수 항목, 시간관리 비법을 터득하고 생활 속에 습관화시킨다.

9. 꿈 커넥팅
- 꿈 동지들과 네트워킹하기: 절대 긍정 마인드로 꿈을 이루어 가는 사람들과 서로 동기부여하며 시너지를 만들어 간다.

10. 꿈 전파법
- 행복한 꿈 전도사 되기: 나의 꿈을 명확하게 확정하고 주변 사람들에게 전파하면서 꿈 실행력을 배가시킨다.

> Passion...!

가슴 뛰는 '그 무엇'을 찾아주는 생각노트

우리는 매일 처리해야 할 많은 일들로 바쁘게 살고 있습니다.
상황이 이렇다 보니, 막상 꿈을 찾는 일이 쉽지 않다는 것을 느낍니다.
어느새 나이가 들어 꿈이라는 것을 생각조차 하지 않았을 테지요.
어쩌면 꿈을 찾기엔 이미 너무 늦었다거나,
꿈은 내 아이가 꾸도록 지원하는 것으로 여겨 왔을지도 모릅니다.

하지만 이제 세월 탓으로 잊었거나, 포기해버렸을지 모를
꿈을 찾는 여정을 시작해보려 합니다.
제공된 빈칸을 채우는 데는 고작 30분이면 충분합니다
하지만 이 시간은 여러분의 삶에 커다란 영향을 미치게 될 것입니다.
자신이 원하는 것이 무엇인지, 내면 깊숙한 곳으로부터 솟아오르는
떨림을 느끼며 인생의 소명을 찾게 될지 모르기 때문입니다.

자신의 꿈이 무엇인지, 진정 내가 원하는 것이 무엇인지,
찾고 싶은 분이라면 과감히 30분을 투자해 보시기 바랍니다.

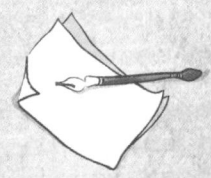

*내가 만약 다시 태어난다면

>> 이 물음에 대한 답을 써 내려가는 것은 나의 내면에서 원해 왔던 진정한 나 자신의 욕구를 들여다보는 시간이 될 것입니다.

: 만약 당신이 다시 태어난다면 어떤 사람이 되고 싶은가요?

_____

_____

_____

: 또 어떤 삶을 살고 싶은가요?

_____

_____

_____

* 생을 마감하는 그날, 가장 후회할 것 같은 그 일

>> 이 물음에 대한 답은 당신 자신의 가장 강렬한 '소망'에 관한 것입니다. 생을 마감하는 그날 후회할 것을 뻔히 알면서 모른 척 살아갈 수는 없습니다. 분명 우리 모두에게 후회를 되돌릴 시간은 충분하기 때문입니다.

: 오늘은 이번 생에 주어진 내 인생의 마지막 날입니다.
눈감는 오늘, 가장 후회가 되는 일은 무엇입니까?

: 무엇을 이루지 못해 가장 아쉬운 생이 되었습니까?
생을 마감하는 최후의 날, 이루지 못한 그 일이 아쉬워
가슴 아플 것 같은 그 '어떤 일'을 적어보세요.

----

* 내가 하면 더 잘할 수 있는데, 나라면 이렇게 할 텐데…

》 이 물음의 답은 당신이 분명히 갖고 있는 장점을 발견하기 위함입니다.
지금까지 당신은 그 장점을 찾지 못하고 활용하지 못했을 뿐입니다.

: 어떤 분야의 무엇을 볼 때, 자신도 모르게 아이디어가 떠오르나요?

: 해당 분야에 종사하든, 그렇지 않든 분명, '나라면 이렇게 했을텐데'라는 생각이 샘솟는 '그 무엇'을 적어보세요.

위 세가지 물음에 대한 답을 솔직하게 적었다면 내면에 숨겨져 있던 상상만으로 가슴 뛰는 꿈이 무엇이었는지 찾을 수 있었을 것입니다.
이제 가장 중요한 한 가지가 남아 있습니다.
아래 두 가지 질문에 스스로 답을 내리고 결정하는 일입니다.

1. 분명 나는 '그 무엇'을 발견했고 내면의 떨림을 느꼈습니다.
그러나, 나는 지금 그 일을 할 수 없습니다.
나는 어제와 같은 바쁜 오늘을 살아야 하기 때문입니다.

2. 분명 나는 '그 무엇'을 발견했고 내면의 떨림을 느꼈습니다.
나는 이제 결심했습니다.
내 삶의 주인은 나 자신이며, 내가 그토록 원하는 것이 무엇인지 깨달았기 때문입니다. 오늘도 내가 해야 할 많은 일들이 있습니다.
하지만 분명 어제와 다른 오늘을 사는 내가 될 것입니다.

2043년 3월 9일 미래 일기장

2043년 3월 9일 월요일, 날씨: 따뜻함, 맑은 봄기운.

오늘은 나의 74세 생일날이다. 재단장으로서 보람찬 하루 일과를 마치고 오늘 가족 생일 파티가 있어서 평소보다 조금 일찍 퇴근했다. 오늘은 특별히 기분이 좋다. 오늘 내가 지원해서 사업화된 스타트업 기업의 수를 세어보니 정확히 100개의 회사가 되었다. 70개가 국내 기업이고 30개는 미국과 중국 등 세계 각지에서 성공적으로 런칭된 한국인이 운영하는 해외 사업이다.

흐뭇한 맘으로 집에 와 보니, 귀여운 손주들까지 데리고 온 나의 영원한 보물단지들인 아들과 딸이 "엄마아~!" 하며 마흔이 넘은 나이에도 어리광을 부리면서 반갑게 맞는다. 남편도 오랜만에 정장을 빼입고 은은한 미소로 나를 맞이한다. 나이가 들수록 더욱 멋있어지는 남편 특유의 미소에 나는 아직도 가슴이 설레는 소녀가 된다.

딸내미는 엄마가 최고로 좋아하는 연보라색 투피스를 입으라고 재촉한다. 오늘 정말 근사한 곳을 예약해 놓았다며 귀걸이, 목걸이, 핸드백 등 자기가 나서서 코디해주느라 정신이 없다. 항상 이쁘게 입고 다니라는 딸내미의 잔소리에 기분 좋게 모든 것을 맡긴다.

자가용을 타고 이동하는데 딸내미가 내 눈에 안대를 씌우면서 엄마는 눈 좀 감고 쉬시라고 한다. 피곤할 때 안대를 하고 10분이라도 깊은 잠을 취하는 엄마 습관을 아는 딸내미의 조언에 잠깐 잠을 청한다. Zzz…

자동차가 멈춰서 깨어나니, "엄마, 계속 안대 쓰고 계세요. 절대 안대 사이로 몰래 보기 없기!" 딸내미의 성화에 뭐 얼마나 근사한 레스토랑에 가는데 이렇게 호들갑이냐 싶어서 좀 우습기도 하지만 그냥 아들과 딸에게 내 몸을 맡긴다.

"이제 엄마 몸이 너무 가벼워요. 양팔을 맡기고 발만 조심 조심 떼세요." 아들이 든든한 팔을 내밀며 내 팔을 붙든다.

아이들 팔에 몸을 맡기고 얼마나 걸었을까? 아이들이 나를 조용히 세우며 "엄마. 하나, 둘, 셋! 한 후에 안대를 벗어보세요." 한다. 그 순간 내 등 뒤에서 나의 어깨에 손을 얹고 그렇게 하라는 남편이 신호가 느껴졌다.

하나, 둘, 셋…… 그리고 안대를 벗었다. 오른손에 안대가 걸린 채로 주변이 밝아지는 순간 나는 내 눈앞의 광경에 너무 놀라서 숨이 멈추는 줄 알았다.

내 앞에 Dream Angel 재단을 통해서 투자받은 70개 회사의 사업가들과 그 회사 직원들이 기립 박수를 치고 있는 것이 아닌가? 양쪽 볼을 타고 흐르는 감격의 눈물로 목이 메어 왼손을 터질 듯이 두근거리는 가슴에 얹고는 "감사…합…니…다…" 채 말을 잇지 못한다. 내 어깨를 지그시 어루만지는 남편의 손길과 내 왼쪽에서 나를 지탱해주고 있는 딸의 손, 내 오른쪽에서 나를 지지해주는 아들의 팔이 느껴진다. "엄마, 자랑스러워요!" 아들의 축하멘트와 "울 엄마, 짱!" 애교 섞인 딸의 인사가 귀에 들어온다.

앞에 촛불이 켜져 있는 3단 생일케이크에는 "74세 생신 축하! 100번째 Dream Angel 창업가 탄생 축하!"라는 글귀가 동시에 적혀 있다.

등 뒤의 스크린에서는 세계 각지에서 Dream Angel 재단의 투자로 창업한

　기업가들과 그 회사 직원들이 재미있는 액션을 취하며 신나게 찍은 축하 동영상들이 방영되고 있다.

　뒤를 돌아보니 남편의 두 눈도 감동으로 촉촉해져서 "나는 당신은 해낼 줄 알았어." 웃음으로 화답한다. 남편의 눈물……. 결혼 47년 만에 처음 본다. 참으로 감격스럽다. 마음을 진정시키고 "감사합니다. 여러분……." 인사말과 함께 미리 준비하지 않았지만 그동안 내가 꿈을 설정하고 매순간을 행복하게 살아온 나의 꿈 인생에 대한한 스피치를 시작한다……. 아, 정말 행복해서 가슴이 터질 듯이 두근거린다!